सकुबाई

(नाटक)

सकुबाई

नादिरा ज़हीर बब्बर

वाणी प्रकाशन

प्रकाशन के उत्कृष्टतम 60 वर्ष

पेपरबैक पहला संस्करण : 2020
पेपरबैक दूसरा संस्करण : 2022
पेपरबैक तीसरा संस्करण : 2023

vaniprakashan.com

वाणी प्रकाशन

4695, 21-ए, दरियागंज, नयी दिल्ली-110 002

फ़ोन : +91 11 23273167, 23275710

शाखाएँ

अशोक राजपथ, पटना-800 004, बिहार

कॉफ़ी हाउस कैम्पस, महात्मा गांधी मार्ग, इलाहाबाद-211 001, उत्तर प्रदेश

महात्मा गांधी अन्तरराष्ट्रीय हिन्दी विश्वविद्यालय, वर्धा-442 001, महाराष्ट्र

36/ए, शेक्सपियर सरणी, रानी बिरला गर्ल्स कॉलेज के पास, कोलकाता-700 017, प. बंगाल

sales@vaniprakashan.in
vaniprakashan@gmail.com

Sakubai
by Nadira Zaheer Babbar

ISBN : 978-81-8143-826-3
Play

मूल्य : ₹ 80

आर. टेक ऑफ़सेट प्रिंटर्स, दिल्ली-110 032 में मुद्रित

वाणी प्रकाशन का लोगो मक़बूल फ़िदा हुसेन की कूची से

समर्पण

अपने दोनों बच्चों बेटी जूही और बेटा
आर्य बब्बर को जिन्होंने बचपन से
ही मेरे हर काम में
साथ दिया

आभार

मैं अपनी सम्पूर्ण नाट्य संस्था 'एकजुट' के प्रति आभार प्रकट करती हूँ, विशेषतः दर्पण और हनीफ का।

मैं श्रीदेव और भरत की भी दिल से शुक्रगुजार हूँ जिनकी मदद के बिना ये काम संभव नहीं था।

घर में कार्य करने वाले सहयोगियों वर्षा, मनीषा, पाटिल जी, झा इत्यादि जो घर पर मेरे लिए ऐसा वातावरण बनाते हैं कि मैं चिन्तामुक्त होकर काम कर सकूँ इन सभी के प्रति आभार प्रकट करती हूँ।

इसके अलावा नेक मित्र और सुधी जन जिनके सहायता और सुझाव मुझे सदैव मिलते रहते हैं अपने सभी दर्शकों के प्रति भी आभार प्रकट करती हूँ जिन्होंने इस नाटक को इतना बढ़ावा दिया।

अन्त में वाणी प्रकाशन के प्रकाशक श्री अरुण माहेश्वरी जी को भी धन्यवाद, जो उन्होंने दो साल मेरे पीछे पड़ के मुझसे ये काम करवा ही लिया।

आप सबका धन्यवाद

—नादिरा ज़हीर बब्बर

सकुबाई

सफ़ाई घरों की और हृदयों की...

सकुबाई हमें अपने घरों में काम करने वालों के जीवन में झाँकने का मौका देती है। ये कहानी बहुत छोटी उम्र में रोटी कमाने के लिए बाध्य होकर शहर में आई सकुबाई के जीवन और समय को बड़ी दक्षता में दर्शाती है। घर के काम करने के साथ-साथ वो कभी अंतरंग मित्र, विश्वासपात्र सलाहकार, और कभी चौकीदार की भूमिकाएँ भी निभाती हैं।

सकुबाई अपनी ज़िन्दगी के अनुभवों और कारनामों का विस्तृत ब्यौरा वह स्वयं बहुत सूक्ष्म परिहास के धागों में पिरोकर प्रस्तुत करती है।

ये नाटक आपको बाध्य करता है तथाकथित उच्चवर्गीय सुसंस्कृत पढ़े-लिखे और सामाजिक रूप से संवेदनशील समाज के पाखंड, ढोंग के बारे में सोचने के लिए। और प्रेरित करता है एक साधारण निम्नवर्गीय समाज के स्त्री के मनोबल और खुद की मदद करने की ताकत से सीख लेने की।

फिर हमें ये सोचने पर मजबूर करता है कि हममें से कितने लोग वास्तव में श्रम की गरिमा का मूल्य जानते हैं और उसकी क़दर करते हैं।

जो भी आपके विचार और भावनाएँ हों इस उपहासात्मक नाटक के ज़रिये अपनी प्रतिक्रिया मुझ तक ज़रूर पहुँचायें तथा हमारा विश्वास है कि अबसे आप अपनी ज़िन्दगी में सकुबाईयों को एक अलग दृष्टि से ज़रूर देखेंगे।

—नादिरा ज़हीर बब्बर

“सकुबाई” के बारे में सरिताजी का वक्तव्य :

नमस्कार, मुबारक हो नादिरा जी,

'सकुबाई' प्रकाशित होकर अब लोगों के हाथ में होगा और पाठक इस सर्वश्रेष्ठ नाटक को पढ़ सकेंगे। इसलिए आपको बहुत-बहुत बधाई।

'सकुबाई' का अनुभव मेरे लिए बहुत ही अलग रहा है। हम 'सकुबाई' जैसी औरतों को देखते तो हैं, उनसे काम भी लेते हैं, लेकिन जब मैंने ये पात्र किया और खुद 'सकुबाई' बनी तभी उनके जीवन को समझ सकी, उनकी यातनाएँ, उनकी अच्छाईयाँ-बुराईयाँ और सबसे बड़ी बात बड़े-बड़े समस्याओं में से वो अपने साहस और मेहनत की वजह से कैसे बाहर निकल आती हैं और हर हाल में खुश रहती है। मुझे 'सकुबाई' के द्वारा जीवन को समझने का एक बहुत बड़ा अवसर मिला।

नौ वर्ष की थी तबसे रंगमंच कर रही हूँ, पचास वर्ष से ज़्यादा रंगमंच का अनुभव है मुझे, परन्तु 'सकुबाई' में काम करके एक अलग ही तरह की संतुष्टि और आनंद मिला है। एक निर्देशिका के रूप में मैं आपके बारे में क्या कह सकती हूँ? जैसे कि आपका ढंग है आप नाटक में काम करनेवालों को खुली आज़ादी देती हैं कई तरह से रिहर्सल करते रहने की। जब आपको ये लगता है कि पतंग बिल्कुल उल्टी दिशा में उड़ने लगी तब आप हाथ में पकड़ी हुई डोरी को हल्का सा खींच देती हैं और नाटक फिर अपनी सही पटरी पर चलने लगता है।

आपने मुझसे 'सकुबाई' में एक बहुत ही उच्चस्तरीय अभिनय करवाया, सचमुच आपसे बहुत कुछ सीखने को मिला। धन्यवाद।

जब आप घर पर मिलीं और हम दोनों ने नाटक 'सकुबाई' पहली बार पढ़ा, पढ़ते ही मैंने उसी समय आपसे कह दिया था, मैं ये नाटक

करूँगी। उसका एक कारण कि नाटक बहुत अच्छा तो था ही और दूसरा कि इतने वर्षों रंगमंच पर काम करने के बाद मेरा कुछ ऐसा विश्वास हो गया कि 'स' अक्षर से शुरू होने वाले नाटक सदैव मुझे प्रसन्नता और प्रतिष्ठा देते हैं, चाहे वो प्रणीण (जोशी) जी के साथ किये हुए मेरे पुराने नाटक हों जैसे—संतुरंगीली, सप्तपदी, या सविता दामोदर परांजपे।

'सकुबाई' के साथ भी मेरा विश्वास सही निकला। इस नाटक ने मुझे अत्यंत संतोष और प्रसिद्धी दी।

अब ये नाटक पुस्तक के रूप में पाठकों तक पहुँच रहा है, बहुत ही प्रसन्नता की बात है, अच्छे नाटकों की रंगमंच को बेहद जरूरत रहती है, आशा करती हूँ आपके द्वारा लिखा गया ये नाटक कहीं न कहीं उस कमी को जरूर पूरा करेगा।

शुभकामनाओं सहित,

आपकी 'सकुबाई'
सरिता जोशी

पात्र - परिचय

लेखन एवं निर्देशन	:	नादिरा ज़हीर बब्बर
अभिनय	:	सरिता जोशी
मंच व्यवस्थापक	:	भारत झा
मंच सज्जा	:	छैल-परेश
मंच संयोजक	:	दर्पण मिश्रा
प्रकाश संयोजन एवं संचालन	:	रवि मिश्रा/अकबर खान
संगीत संचालन	:	संतोष तिवारी
मंच सामग्री	:	मिथिलेश सिंह
कॉस्ट्यूम	:	औड्री/अली
पब्लिशिटी डिजायन	:	*रियाज अहमद*
ट्रुप एंड फायनेंस मैनेजमेंट	:	*हनीफ पाटनी*

'Sakubai' Properties List

1. One Sofa set with small back rest
2. Two Cushion chairs without back rest
3. One centre table (rectangular)
4. One wooden stool for Kitchen
5. One bed with Mattresses (6×3×1.5)
6. One Cabinet for Telephone & Stereo System
7. One TAble Lamp
8. One Carpet
9. Seven Wall Painting of different sizes
10. Two Wall Brackets Lamps
11. Two Round Pillows (Gau Takiya) with covers
12. Two Bed Sheets
13. Two Cushions with covers
14. One Dustbin
15. One Stereo System
16. One hair roller set with one hair dryer
17. Two Trays
18. Some news papers and Magazines
19. One door and one window curtain
20. One Umbrela
21. One Electric Door Bell
22. One Electric Telephone can be operated from back stage
23. Two Plants Real/Synthetic
24. Kitchen utensils Include (a) mugs (b) one tea pan (c) half a dozen bowls (d) one flask (e) some dinner crokery (f) some jars (g) some steel glasses (h) one flower vase (i) one gas stove (j) one sink to be fitted one kitchen platfrom (k) one kettle (l) one water tap on the sink (m) one tea set (n) one ash tray (o) some show pieces.

SAKUBAI

Sets requirement

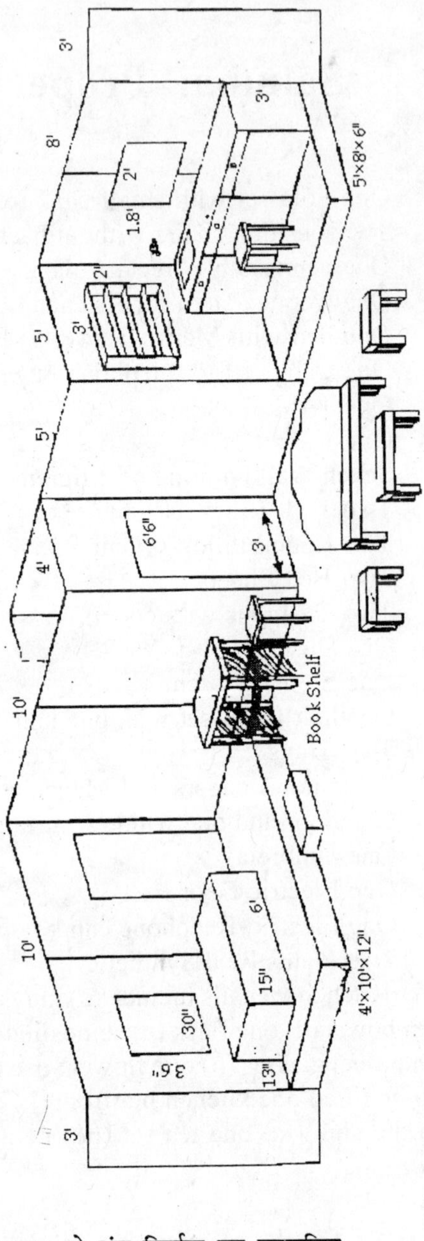

सकुबाई नाटक के मंच निर्माण का छायाचित्र

(मंच पर प्रकाश आने पर हम देखते हैं बम्बई में रहनेवाले मध्यमवर्गीय परिवार का फ्लैट। सुन्दर और महँगे तरीके से सजा हुआ है। फ्लैट में बाईं ओर एक दरवाजा है। जो बाहर की ओर खुलता है। जिससे सीधे हम फ्लैट के अन्दर दाखिल होते हैं। स्टेज के आधे हिस्से में एक काल्पनिक दीवार के उस तरफ बेडरूम है। बीच में एक दरवाजा किचन में जाता है, जो कि अगर हम चाहें तो स्टेज पर ही बनाया जा सकता है और किसी जालीदार खिड़की या पार्टीशन के जरिए पात्र किचन में काम करते हुए दिखाई दे सकता है। बेडरूम वाला एरिया प्लेटफार्म द्वारा थोड़ी ऊँचाई देकर अलग किया जा सकता है।

कमरे में टेपरिकार्डर, टी.वी., फ्रिज, सब है। घर बड़ी अस्त-व्यस्त हालत में है। जैसे कि घरवाले जल्दी-जल्दी में निकल गए हों। नाश्ते के बर्तन खाने की मेज पर पड़े हुए हैं। कपड़े, चप्पल सब इधर-उधर बिखरे हैं। बालों का ब्रश टेबल पर पड़ा है। बेडरूम का बिस्तर भी बिखरा है। गीला तौलिया सोफे पर पड़ा है। रात को पहनने के कपड़े यानी नायटी वगैरह तकिए के पास या बेडरूम के किसी स्टूल पर पड़े हैं। चाय के कप ट्रे के साथ बिस्तर पर पड़े हैं। टेपरिकार्डर गलती से चालू रह गया है। उसमें एफ.एम. रेडियो चल रहा है। बाहर से चाबी लगने की आवाज आती है और बाहर से ही सकुबाई बोलती है।)

सकुबाई : अरे देवा वापस चाबी अटक गई...मैं मेम साब को कित्ती बार बोली कि इस चाबी का कुछ करो।

(बड़बड़ाती हुई सकुबाई अन्दर आती है। वह पैंतालीस-पचास साल की मराठी औरत है। मेहनती होने की वजह से चौड़ी और मजबूत लगती है। उसके हाथ-पाँव खुरदरे एवं सख्त हैं। छोटी आँखें, उठी हुई नाक, साँवला रंग, घने बाल जिनको उसने पीछे कर जूड़ा बनाया हुआ है। गले में काला धागा, खाली कान, कलाई में पूजा की मौली। उसने पुरानी-सी साड़ी और उससे मेल खाता हुआ ब्लाउज पहन रखा है। वह छोटे-छोटे कदम रखती है। और तेज चलती है। उसकी आवाज भारी है। वह तम्बाकू खाती है। सकुबाई अन्दर आकर छतरी बन्द करके एक तरफ रखती है।)

सकुबाई : अरे देवा...कितना पानी...कितना पानी...

(अचानक उसे रेडियो की आवाज सुनाई देती है। वह चौंककर इधर-उधर देखती है। उसकी नजर रेडियो पर पड़ती है। डरकर धीरे से रेडियो की तरफ झाँकती है। जब उसे समझ में आता है कि रेडियो की आवाज है तो बोलती है।)

सकुबाई : ये देखो टेपरिकार्डर खुला छोड़कर गए हैं। भूतों को सुनने के लिए।...इसको बन्द कैसे करने का...?

(सकुबाई टेपरिकार्डर के पास जाती है। डरते-डरते एक बटन दबाती है। टेपरिकार्डर की आवाज तेज हो जाती है। वह घबराकर टेपरिकार्डर का तार खींच देती है।)

सकुबाई : चलो बन्द हो गया।

(सकुबाई पास रखे नैपकिन से हाथ-मुँह पोंछती है।)

सकुबाई : बिल्कुल भीग गई। बाहर इतना पानी...इतना पानी...

(बिखरी हुई चीजों पर नजर पड़ते ही)

सकुबाई : ये देखो। ये लोग घर की ऐसी हालत करके जाते हैं जैसे कि कोई बम फट गया हो। और ये लोग जैसे बैठे थे वैसे ही उठकर भाग गए।... अरे बाबा अपना ही घर है न। थोड़ा बहुत तो ठीक-ठाक करके जाओ। लेकिन नहीं। सारी चीजें इधर-उधर...अब ये गीला टावेल कुर्सी पर डालोगे तो पॉलिस खराब होएगी कि नहीं?...पर ये लोग नहीं सोचते। नहीं सोचते तो न सोचें मेरे को क्या?...चलो-चलो सकुबाई, काम पर लग जाओ।...यहाँ पर भी कितनी चीजें फेंक कर गए हैं।

(टेबल पर पड़े हेयर कर्लर को देखकर)

मेम साब भी कुछ कम नहीं है। रोज लगाती है और रोज वहीं छोड़ जाती है।

(कहते हुए हेयर कर्लर बाथरूम में रखने जाती है। शायद बाथरूम की हालत भी अस्त-व्यस्त है। बाथरूम के अन्दर से बोलती है।)

कोलगेट तक खुला छोड़कर गए हैं। उनको पता है न आएगी सकुबाई। करेगी सारा काम...करेगी बाबा, करेगी!...अरे पर सौ काम हैं। पाँच तो तुम करके जाओ...लेकिन नहीं, सब लोग यही सोचते हैं कि बाई रखी है तो हम काम क्यों करें। फोकट की पगार देते हैं क्या?...बात भी ठीक है, पगार तो देते ही हैं। पगार लेते हैं तो काम तो करना ही पड़ेगा न?...करेगी।...करेगी सारा काम...हाँ बाबा सकुबाई करेगी सारा काम...। चल सकू आलस छोड़ो काम करो।

वैसे तो मेरे साहब मेम साब बहुत अच्छे हैं। साहब का नाम है किशोर कपूर! और मेम साब का नाम-पूजा कपूर। दो बच्चे हैं। बड़ी बेबी है तेरह-चौदह साल की।...इंग्लिस नाम रखा है...पोमला। पहले मेरे को पोमला बोलने को नहीं आता था। मुँह में से हवा निकल जाती थी। जब मैं उसे बेबी-बेबी पुकारती थी तो कहती थी–

'सकुबाई। सकुबाई। तू मुझे बेबी-बेबी मत बोला कर।'

मेम साब भी–

'सक्कू ऽ ऽ ऽ अब वो बड़ी हो गई है। उसे नाम से पुकारा कर।'

अरे क्या नाम से पुकारूँ? मुँह में से हवा निकल जाती है।

तो हमारे वहाँ, जहाँ मैं रहती हूँ, वहाँ एक बैण्डवाला रहने को आया। बाजूवाली खोली में ही...खोली क्या खाँचा था। अरे खाँचा क्या वो...ऐसे ही टेबुल जैसा था। उसी में वो अपना सामान रखता था। मगर वो रोज सुबह उठकर जोर-जोर से अपनी प्रैक्टिस करता था। एक दिन मैं घर पर ही थी और उसकी प्रैक्टिस चालू। तो मेरी लड़की साइली अन्दर से बोली–

'ए आई ऽ ऽ तू बाजेवाले के साथ बैठकर प्रैक्टिस कर। तेरे को पोमेला बोलना आ जाएगा।'

पों ऽ ऽ पोंपुम...पोंपुम...पोंपुम...पों...पों...पोंपुम...पोंमला...आ गया।

दूसरे दिन मैं आई। मैंने कहा बेबी, पोमला बेबी। तो बड़ी हैरान होकर बोली–

'सक्कू तेरे को पोमला बोलना आ गया?'

छोटा बाबा है आठ साल का। उसका भी इंग्लिस नाम है रौकी। उसको रौकी-रौकी कहकर पुकारते हैं। बेबी को तो इस साल होस्टिल में डाल दिया है।...कोई रानियों

का स्कूल है।...बाबा यहीं है। स्कूल से साढ़े तीन बजे आता है। बाप रे ऽ ऽ ऽ क्या लड़का है। इतना मस्तीखोर याने इतना मस्तीखोर...। स्कूल से आते ही बिस्ता कापी एक तरफ फेंककर टी.वी. देखना चालू।...टी.वी. में भी क्या ऽ ऽ वो क्रिकेट। हर वक्त क्रिकेट-क्रिकेट। ये टी.वी. वाले भी कुछ कम नहीं हैं। हर वक्त क्रिकेट दिखाते रहते हैं। बच्चे पढ़ेंगे क्या...बीच में कुछ कम हो गया है।...अभी कुछ दिनों पहले पकड़े गए थे न?...मगर अब फिर चालू हो गया है।

अरे रौकी बाबा क्या क्रिकेट खेलता है, क्या क्रिकेट खेलता है। ऐसा खेलता है, ऐसा खेलता है। जब वो बॉल फेंकता है तो ऐसे कैच लेगा...कभी इधर से... कभी उधर से।...मैं उसके पीछे-पीछे भागती—

'बाबा...रौकी बाबा दूध पी लो। रौकी...रौकी बाबा दूध पी लो। रौ-रौकी बाबा बिस्किट। रौकी बाबा बिस्किट।'

अरे बाबा! रौकी बाबा को एक गिलास दूध और चार बिस्किट खिला दिए तो सकुबाई ने बहुत बड़ा काम कर दिया।...और हमारे बच्चे...? हमारे बच्चों का क्या...। हमारे हाथ में एक गिलास दूध और चार बिस्किट हों तो हमारे दस बच्चे हमारे पीछे दौड़ेंगे—

'ए सकया आई देना भला...दे...दे... ना... आई...दे...दे...ना...।एदे... ना... दे... ना...ए...आई सकूया...ए...आई।'

सारे बच्चे मेरे पीछे-पीछे।...मैं बाबा को यहीं पीछे बगल में ट्यूशन के लिए छोड़ती और शाम को लेकर आती। फिर खाना बना के साहब-मेम साब का वेट करती। साढ़े सात बजे साहब और मेम साब आते। फिर मेरी छुट्टी।...आज पन्द्रह बरस से यही जिन्दगी जीती मैं...।

(टेलीफोन की घंटी बजती है। ट्रिन...ट्रिन...ट्रिन... ट्रिन...ट्रिन...ट्रिन)

सकुबाई : आती हूँ ऽ ऽ...आती हूँ बाबा ऽऽ

(कहते हुए रिसीवर उठाती हैं)

सकुबाई : हलो ऽऽ...मेम साब।...हाँ नमस्ते।...आज थोड़ी देर हो गई थी।...क्या करती मेम साब कितना पानी पड़ रहा था। इधर झोंपड़पट्टी में तो कमर-कमर तक पानी था। घर के अन्दर भी पानी भर गया।...पीछे नाला भर जाता है न।...मैं अपना बिस्तर-विस्तर सब सुमन के घर पर रख के आई।...सुमन के यहाँ तो माला है न मेम साब। ऐसा कैसा बोलने का। साइली को भी बोल के आई। स्कूल से आएगी तो वहीं बैठेगी।...क्या?...हाँ...हाँ बोलो मैं सुनती।...कौन सा...?

(कुर्सी के पास पड़े हुए थैले को देखकर)

सकुबाई : हाँ-हाँ पड़ा है।

(थैला उठाकर चेक करते हुए।)

सकुबाई : ब्लू वाली?...इसको जगदीश के यहाँ फाल लगाने का है।...अच्छा ठीक है।...हाँ कर देगी...हाँ मम्मी के यहाँ जा रही हो आप?...उधर से बाबा को ले लोगी?...ठीक है। तो फिर आज मुझे बस स्टाप नहीं जाना है। मैं रात का खाना बनाऊँ?...ठीक है मेमसाब। आज मुझे खाना भी नहीं बनाना है।...तो मेम साब मैं कहती हूँ कि आज शाम को मैं जल्दी घर जाऊँ?...वो क्या है। आज इतना पारी बरसा–घर में पानी भर गया है न।...थोड़ा टाइम से जाते तो सफाई-वफाई करके साइली के लिए कुछ बना देती...।

(उसका चेहरा उतर जाता है। ऐसा लगता है जैसे उसकी मेम साब ने छुट्टी देने से मना कर दिया हो।)

सकुबाई : अच्छा ठीक है। नहीं जाती।

(रिसीवर रख देती है।)

सकुबाई : *(गुस्से से तमतमाती हुई।)* कभी दो घंटे पहले छुट्टी माँगो तो छुट्टी नईं। सात साल की थी तब से काम पर लग गई। मेरी आई लक्ष्मी नाम था उसका। लक्ष्मी बाई तुकाराम जामड़े।...हम गाँव में रहते थे। तीन भाई-बहिन थे हम...दो बहिनें और एक भाई। सबसे बड़ी मैं...शकुन्तला।...शकुन्तला नाम है मेरा। सकू तो यहाँ सब बुलाते हैं। फिर वासन्ती और छोटा भाई नितिन...गोट्या। हम लोग उसे गोट्या बुलाते थे।...गाँव में मेरे बाबा, चार भाई थे। मेरे बाबा का सीधा हाथ थोड़ा टेढ़ा था। फिर भी वो खेतों में दिन-रात मेहनत करते थे। मेरी आई भी उसके साथ काम करती थी। जब मैंने होश संभाला तब से मैं आई के साथ काम पर लग गई।...बाउड़ी से पानी लाना। छोटे भाई बहिन को देखना। आँगन बुहारना।...मैं पाठशाला जाने के लिए बहुत रोई थी। इस पर मेरी माँ ने जोर से एक थप्पड़ मेरे गाल पर मारा और बोली—

'तू पाठशाला जाएगी? तू पाठशाला जाएगी तो घर का काम कौन करेगा?'

मैं और वासन्ती दोनों पाठशाला नहीं गए। ...हाँ।...नितिन को भेज दिया।...नितिन को तो भेजना ही माँगता। वो लड़का था न...नितिन के लिए स्कूल की नई वर्दी, नए जूते, मोजे, बस्ता-विस्ता सब लिया।...तब आई ने अपनी चाँदी की पायल बेची थी।...हम लोग इतनी मेहनत करते फिर भी हमें खाना पूरा नहीं मिलता...। काका लोगों में और बाबा में अनाज के बँटवारे को लेकर हमेशा झगड़ा होता था।...वो लोग मेरे बाबा को हमेशा कहते थे—

'ए अपना हाथ देख...।...तू अपना हाथ देख।...तू मेहनत करता है क्या?...मेहनत करता है?'

मेरे बाबा चुपचाप सब सह लेते।...मगर मेरी आई को बहुत गुस्सा आता था। मेरी दादी के मरने पर मेरी नानी और मामा बम्बई से आए। उन्होंने जब हमारी हालत देखी तो बहुत दुःखी हुए। बातों-बातों में उन्होंने मेरी आई को सुझाया कि मेरी आई को बम्बई में आकर काम करना चाहिए। साथ में मुझे भी ले जाना ठीक होगा, क्योंकि मैं उनकी मदद कर सकूँगी। और साथ में ये भी कहा कि नितिन को भी ले जाना ठीक रहेगा। क्योंकि गाँव में पढ़ाई अच्छी नहीं होती। बाबा और वासन्ती गाँव में ही रहेंगे। ताकि जमीन थोड़ी बहुत जो है, बनी रहे।...इस तरह मेरी आई मुझे और नितिन को साथ लेकर बम्बई आ गई।...और बाबा वासन्ती के साथ गाँव में रह गए...मुझे अच्छे से याद है जिस दिन हम गाँव से चले मेरी आई बहुत रोई थी।...बाबा अपने टेढ़े हाथ से हमारा सब काम कर रहे थे...। मुझे काका लोगों पर बहुत गुस्सा आ रहा था कि इन लोगों के झगड़े के कारण हमारा परिवार अलग हो रहा था।...और अपने बाबा का लूला हाथ देखकर बहुत दुःख हो रहा था।...कि अगर मेरा बस चलता तो मैं अपना पूरा शरीर गलाकर उनका सीधा हाथ बन जाती...। बाबा हमको छोड़ने बस स्टाप तक आए। हमारे गाँव में ट्रेन नहीं आती थी। मेरी आई ने चलते-चलते मेरी छोटी बहिन वासन्ती को समझाया कि बाबा का ख्याल रखना। वो बूढ़े हैं। इधर-उधर भटकना मत।...फिर बस आ गई। हम लोग उस बस में बैठ गए। मैं खिड़की के पास़ बैठी देख रही थी।...हमारी बस चली गई। बाबा और वासन्ती बहुत देर तक खड़े हमारी बस को देख रहे थे...।

(डोर बेल बजती है। सकुबाई चौंककर दरवाजे के अन्दर से ही पूछती है।)

सकुबाई : कौन है?

(बाहर से एक लड़की की आवाज सुनाई देती है।)

लड़की : मैडम जरा दरवाजा खोलिए। हम लोग सुपरव्हाईट डिटर्जेण्ट कम्पनी की तरफ से आए हैं। वाशिंग पाउडर का डेमोस्ट्रेशन देना है।

सकुबाई : नहीं बाबा, साहब मेमसाब बाहर गए हैं। मेरे को नहीं लेना है।

लड़की : लेने को कौन बोलता है। कम-से-कम दरवाजा तो खोलिए हम फ्री में दे के जाएँगे।

सकुबाई : नहीं बाबा नहीं लेना है। *(बड़बड़ाती हुई अन्दर आती है।)* क्या ये लोग। फ्री में देकर जाएँगे। कपड़ा क्या पहने थी वो इतना टाइट। टाइट याने एकदम टाइट।...ये पैण्ट के अन्दर घुसी कैसे होगी? क्या ये लोग भी उल्टे-सीधे कपड़े पहनकर घर-घर घूमते रहते हैं। *(सोचकर)* पर घर-घर तो हम लोग भी घूमते हैं। इसकी भी कोई मजबूरी होगी।...पर ये तो पढ़ी-लिखी होगी बारहवीं-चौदहवीं...हम तो एकदम अनपढ़ हैं।...ए देवा ऽ ऽ क्या जमाना आ गया है। पढ़े-लिखे लोग भी घर-घर घूमते हैं। और अनपढ़ भी।...चलो इस बात में तो हम लोग बराबर हुए।

जब मेरी आई गाँव से आई थी तो वो नौवारी साड़ी पहनती थी। ऐसी गोल साड़ी उसे पहनने को नहीं आता था। लेकिन जिस सेठानी के यहाँ काम करती थी वो मारवाड़ी थी। एक बार उसने मेरी आई को बोला—

'ए बाई ऽ ऽ हमारे यहाँ तुम्हारी ये नौवारी साड़ी नहीं चलेगी भई। इसमें तुम्हारा पाँव दिखता है।'

पाँव दिखता है?...कास्टीवाली साड़ी में पाँव दिखता है?...और अभी वो जो फ्री में दे के जा रही थी उसने फुल कपड़ा पहन रखा था। फिर भी उसका सब कुछ दिखता था।...हमारा पाँव दिखता है?...क्या करती? उसने पहन

ली न वो गोलवाली साड़ी. . . । उसको अच्छा नहीं लगता था। उसको सब खाली-खाली लगता था। और कास्टे की जगह खुद का हाथ रखकर यूँ झाड़ू मारती।. . .एक दिन बहुत गुस्सा आया मेरी आई को। गुस्से में आके गोल साड़ी का यूँ कास्टा बनाकर काम करने लगी। उस दिन नितिन भी हमारे साथ काम पर आया था। आई को ऐसे देखकर बोला–

'ए आई. . .तू तो एकदम हनुमान लगती।'

मैं भी एकदम हँस पड़ी। मेरी आई भी हँसने लगी। मेरी आई को कॉमेडी बहुत अच्छी लगती है। बोली–

'देख मैं हनुमान की तरह उड़ती।'

तंग आके एक दिन मेरी आई ने मारवाड़ी सेठाइन से साफ कह दिया–

'मेम साब। हम यहाँ काम करने आए हैं। अपना रिवाज बेचने नहीं। मैं आज से गोलवाली नहीं, नौवारी साड़ी पहनूँगी। रखना है तो रखो नहीं तो राम-राम। सेठानी मेरी आई को छोड़ती क्या. . . । मेरी आई काम क्या करती थी, काम याने. . .सोने जैसे चमचमाते बर्तन. . . ।

शुरू-शुरू में जब हम लोग बम्बई आए तो चार-पाँच अलग-अलग घरों में काम करते थे। बहुत बड़े-बड़े घर. . .क्या-क्या नाटक देखे। एक तो घर था. . .अं. . .क्या नाम था उनका. . .हाँ रूँगटा साहब। अ. . .घर उनका नहीं था. . .मतलब घर उनका ही था। पर वो वहाँ रहते नहीं थे। उन्होंने वो घर उस समय की मशहूर फिल्मों की नायिका-हीरोइन सुरेखा रानी को दे रखा था।. . .सुरेखा रानी रही होंगी कोई चालीस साल की। तब उनको फिल्मों में काम नहीं मिलता था।. . .और रूँगटा साहब वो खेलते थे। सट्टा। रोज सट्टा बाजार से रूँगटा साहब शाम को साढ़े पाँच या छः बजे घर आते और रात को देर से घर से चले जाते. . . । इधर रूँगटा साहब के आने का टाइम होता,

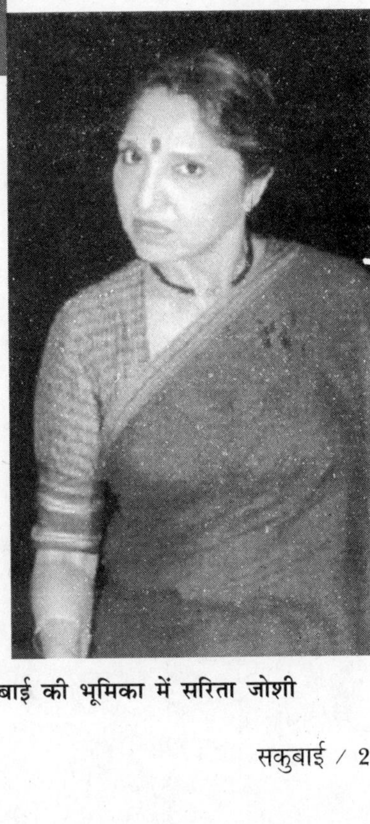

नाटक की प्रस्तुति के दौरान सकुबाई की भूमिका में सरिता जोशी

और इधर सुरेखा रानी गजरा-वजरा, सेण्ट-वेण्ट लगा के इधर से एक बाल निकालती उधर से एक बाल निकालती। और बेंबी के नीचे साड़ी पहनती थी।...हम लोग इसको बेंबी बोलते हैं। आप लोग क्या बोलते हैं मालूम नहीं।...और साड़ी का पल्लू यूँ करके और जैसे ही रूँगटा साहब आते–

(सुरेखा रानी की नकल करती है।)

(रूठकर) 'रूँग जी ऽ ऽ रूँग जी ऽ ऽ रूँग जी ऽ ऽ ...आज फिर आपने आने में देर कर दी रूँग जी।'
और रूँगटा साहब बोलते–

(रूँगटा साहब की नकल करती है।)

(मनाते हुए) हा रानी हा 'जानम। आने में जरा देर हो गई...जानम।'

और फिर सुरेखा रानी को गोद में बच्चे की तरह बिठाकर प्यार करते। मैं और आई किचन में से सब देखते। आई को ये सब अच्छा नहीं लगता...लेकिन मुझे तो बहुत अच्छा लगता।

रूँगटा साहब होंगे कोई साठ साल के।...उँगलियों में बड़ी-बड़ी सफेद सोने की अँगूठी पहने। गले में सोने की चेन। हाथ में सोने की घड़ी। सफेद पैण्ट, सफेद बुशकोर्ट, सफेद जूता और हाथ में सिगरेट का डिब्बा।...अरे क्या सिगरेट पीते थे। *(सिगरेट पीने का अभिनय करती है।)* ऐसे...फिर ऐसे यहाँ से धुआँ निकालते....। इधर से खींचते थे और इधर से धुआँ निकालते थे। और पूरा मुँह पान से भरा हुआ। न जाने कौन-सा इत्तर लगाते थे? घर में घुसते ही उसकी सुगन्ध उठती थी और जाने के बाद भी रहती थी।...और सुरेखा रानी...क्या सेवा करती थी उनकी। सोफे में बिठाकर उनके जूते-मोजे खुद खोलती।

उनके हाथ-पाँव पोंछती। गरम पानी का तौलिया उनके सिर पर रखती।...और रूँगटा साहब जैसे ही वो तौलिया मुँह पर से हटाते तो मुँह के साथ-साथ उनका टकला भी लाल-लाल हो जाता।...ये देखकर हम लोग खूब हँसते थे।...फिर दोनों वो पीते थे।...विस्की।...इंगरेजी।....और मच्छी फ्राई। मच्छी फ्राई मेरी आई करती थी।...और जैसे ही दो-तीन पेग रूँगटा साहब के पेट में जाते...तो कहते–

'भई सुरेखा रानी ऽ ऽ सुरेखा रानी ऽ ऽ। सुरेखा रानी ऽ ऽ कुछ सुनाओ यार...' कुछ सुनाओ सुरेखा एकदम रेडी...

और सुरेखा रानी क्या नाचती थी–

(साड़ी का पल्लू कमर में खोंसकर सुरेखा रानी का अभिनय करते हुए नाचते हुए गाती है।)

(खँखारकर गला साफ करके)

बुगड़ी माझी हरा वली गा ऽ ऽ
जाता सा सातारा लगवाई ऽ ऽ
चुगली माझी करूँ नका
माता राला-माता राला...

ए रूँगटा ऽ ऽ रूँगटा ऽ ऽ। और रूँगटा साहब। जैसे वो...हू तू...तू...तू...खेलते हैं न? वैसे ही उनका पैर खींचकर अपनी गोद में बिठा लेते थे। फिर कहते थे। सुरेखा रानी ऽ ऽ सुरेखा रानी ऽ ऽ तुम्हारी इस प्यार भरी सेवा के लिए ही तो मैं यहाँ आता हूँ। ठीक ही तो है। बीवी कहाँ से करेगी ऐसी प्यार भरी सेवा...? पच्चीस-तीस साल साथ रहकर बच्चे पैदा करके दादी, नानी बनके घर बार देखती होगी।...वो दुनियादारी के हिसाब से चलेगी या रूँगजी-रूँगजी कह के डाँस करेगी।

मैं थी कोई...पन्द्रह या सोलह साल की। मैं भी आई के साथ घरों में जाकर काम करती थी।...नितिन को बड़े

मामा ने इंगरेजी स्कूल में डाल दिया था।...अ...स्कूल महँगी नहीं थी।...हाँ इंगरेजी की ट्यूशन जरूर महँगी थी। मैं आई को बोली—काय को तू इंगरेजी-इंगरेजी करती रहती है? ये इंगरेजी लोग अपने वहाँ क्या हमारे गाँव की बोली सिखाते हैं? ...लेकिन काम तो हम लोगों को बहुत करना ही पड़ता था। क्योंकि मैं भी अब बड़ी हो गई थी। मेरा भी खर्चा था। मैं और आई, ज्यादा नहीं तो पन्द्रह या सोलह घरों में... (**रुककर**) नहीं ये जरा ज्यादा हैं। हाँ सात-आठ घरों का काम कर लेते थे। सब मिला के पगार यही कोई छह-सात हजार हो जाता था। ढाई तीन हजार आई बाबा और वासन्ती के लिए गाँव में भेजती थी। बाकी में हमारा खाना-पीना और नितिन की पढ़ाई होती थी। बड़े बड़े नाटक देखे थे रे बाबा लेकिन एक बात मुझे बहुत बुरी लगती है। ये जो बम्बई के बाहर के लोग यहाँ आते हैं। हमको बहुत घटिया समझते हैं। घाटी-घाटी कहकर पुकारते हैं। कहते हैं—

'बम्बई तुमची भाँडी घिसो आमची।'

और कहते हैं—

'बम्बई तो ऐसी है। वैसी है। यहाँ के लोग बड़े स्वार्थी हैं। गन्दगी है...गर्दी है...।'

तो क्या बम्बई ने तुम्हें खत लिखकर बुलाया था क्या...? कि आओ यहाँ आकर रहो।

अब मैं फ्राक नहीं पहनती थी। पंजाबी ड्रेस पहनती थी। मेरी आई ने मुझे दो-तीन पंजाबी ड्रेस दिलवाए थे।...सफेद, ब्लू, नीला...सुरेखारानी ने खुश होकर एक पंजाबी ड्रेस दिया।...मैं अब बच्ची नहीं थी। मैं भी अब जवान हो गई थी न?...उस समय हम लोग मैं, आई और नितिन मामा लोगों के साथ ही रहते थे। एक ही कमरा था। कमरे पर माला डला हुआ था।...माले पर बड़े मामा की छोटी लड़की, मैं और मेरी आई, छोटे मामा, नितिन

वगैरह सोते थे। मैं हमेशा वही पंजाबी ड्रेस पहनती थी जो सुरेखा रानी ने दिया था। उसमें इधर जरी-जरी-जरी ऽऽ चाँदी जैसे बटन...सच्चे चाँदी के नहीं।...चाँदी जैसे...मैं कहीं भी जाती वही वाला सूट पहनकर जाती। मेरी आई बोलती–

'क्या सकिया एक ही ड्रेस पहनती रहती है। धोती भी नहीं।'

सच। वो पंजाबी ड्रेस मैंने धोया भी नहीं था...। एक दिन आई को जागरण के लिए सारी रात बर्तन धोने के लिए जाना था...। उस रात गहरी नींद में मुझे लगा...जैसे मुझे कोई कुचले दे रहा है...। दिन भर की जी तोड़ मेहनत से थका मेरा बेहोश बदन...। मैं ये समझ नहीं पा रही थी कि मेरे साथ क्या हो रहा है। बलात्कार...? या फिर छोटे मामा ने मुझे बेहोश कर दिया था...। आइगो...छोड़... छोड़...। (*बलात्कार का अभिनय करती है*)

सुबह जब मेरी आँख खुली तो देखा सब लोग जा चुके थे...। किसी ने मेरे बदन पर चादर डाल दी थी...। मैंने चादर हटाई तो शलवार पर खून...? खून...? मैं डर गई...। मैंने उठने की कोशिश की...तो...आह...। मेरा बदन टूट रहा था। जैसे किसी ने जोर से पीटा हो...। मेरी आई सुबह काम पर जाने के लिए जल्दी-जल्दी तैयार हो गई। ज्यादातर मैं उनके साथ ही नहा लेती थी।...पर उस दिन उनके निकलने के बाद मैं नहाने के लिए अन्दर गई और पालीथीन की थैली साथ ले गई...। शलवार उतारी, उसमें रखी और जल्दी-जल्दी दो लोटा पानी डालकर बाहर आ गई।...सोचा था काम के लिए बाहर निकलूँगी तो थैली साथ ले जाऊँगी...। और आई से नजर बचाकर कहीं दूर फेंक दूँगी...। लेकिन ऐसा नहीं हो सका...। मैं आई के साथ काम पर निकली तो रास्ते में आई की नजर थैली पर पड़ी और पूछा–

'ए सकिया ये तेरे हाथ में क्या है?'

मैं कुछ नहीं बोली। उन्होंने झट से वो थैली मेरे हाथ से छीन ली। खोलकर शलवार देखी। तो एकदम गुस्से से आई ने जोर से एक थप्पड़ मारा और पूछा—

'ये...ये कैसे हुआ?...कब हुआ।'

मैं रोने लगी। मैंने कुछ नहीं किया आई। छोटे मामा ने मुझे बेहोश कर दिया आई।...आई ने मेरा हाथ पकड़ा और घसीटती हुई घर लेकर आई।...नानी हमें देखकर चौंक गई—

'तुम लोग वापस कैसे आ गए?'

आई ने थैली में से वो शलवार निकालकर सामने फेंकी और बोली—

'ये देख इसलिए आई वापस...।'

छोटा मामा ये देखकर सब कुछ अनदेखा कर गया। और जल्दी-जल्दी अपनी चप्पल पहनकर बाहर जाने को हुआ...।

आई ने जोर से छतरी उसके पाँव में मारी—

'अरे मेलया। तू शर्म से मर न गया? ये तो तेरी बेटी जैसी थी न रवि...?'

ये कहकर आई उस पर झपट पड़ी और दोनों हाथों से उसे मारने लगी।...नानी ने उन्हें अलग किया। बात बहुत बढ़ चुकी थी।...आई ने कह दिया या तो ये...रवि इस घर में रहेगा या हम...लेकिन नानी और बड़े मामा रवि को क्यों निकालने लगे? वो तो उनका ही बेटा था न...आखिर हम लोगों को ही जाना पड़ा...। बड़े मामा ने कहा—

'तुम लोग अगर चाहो तो नितिन को यहाँ छोड़ जाओ।'

मेरी आई राजी नहीं हुई और बोली—

'क्यों छोड़ दूँ नितिन को तुम लोगों के साथ...? वो मेरा बेटा है। नितिन हमारे साथ ही जाएगा।'

और आई हम लोगों का हाथ पकड़कर बाहर निकल गई...और इस तरह हम लोग...बम्बई में बेघर हो गए...हम लोग जिस बिल्डिंग में काम करते, रात को वहीं उस बिल्डिंग की सीढ़ी के नीचे सो जाते।...आई सारी रात जागती रहती...। आई बहुत डर गई थी। सुबह होने पर बिल्डिंग के साहब लोग वाचमैन को डाँटते—

'अरे भई ये क्या गन्दगी है? कौन हैं ये लोग? हटाओ-हटाओ इन्हें।'

मेरी आई बोलती—

'हम लोग जल्दी चले जाएँगे।'

आई दिन भर खोली ढूँढ़ती। मगर हमें खोली देगा कौनं? पैसे कहाँ थे हमारे पास...? फिर एक हुसैन मामा मिल गए। फिरोजाबाद के थे। टैक्सी चलाते थे।...होंगे कोई साठ-पैंसठ साल के। उन्हें हमारी हालत पर तरस आया। उन्होंने अपनी आधी खोली हमें किराए पर दे दी।...और इस तरह अपने पराए हो गए... और पराए अपने...। मेरी आई ने मुझे बहुत समझाया और कसम दी कि मामा वाली बात मैं किसी से न कहूँ।...वरना मेरी शादी कैसे होगी?...बाबा को भी न कहूँ। नहीं तो ससुराल और मायके वालों में झगड़ा हो जाएगा।...ऐसे कितने सारे अपमान हम औरतें इसलिए सह लेती हैं कि घरों में कोई क्लेश न हो। चाहे वो क्लेश हमें जीते-जी जलाता रहे...।

तीन-चार साल मेरी आई ने बहुत मेहनत की। हम लोग साल में कभी हफ्ते-दस दिन के लिए ही गाँव जाते थे। वहाँ भी मेरी आई उतनी ही मेहनत करती। रात-दिन बाबा की सेवा करती।...लेकिन बाबा फिर भी चौबीसों घंटे दुःखी रहते...। दुबले भी बहुत हो गए थे। मैं और आई जो भी चीज उनके लिए लेकर जाते चुपचाप रख लेते। हँसते और बोलते भी नहीं थे। ऐसा लगता था जैसे अन्दर-ही-अन्दर घुलते जा रहे हों...।

मुझसे छोटी बहिन वासन्ती भी अब जवान हो गई थी। उसकी काठी परिवार में न जाने किस पर गई।...खूब लम्बी-चौड़ी, मोटी-ताजी...। वो जवान क्या हुई जैसे कोई मुसीबत आ गई हो। उसकी जवानी हर किसी को ललकारती...। ए, उधर क्या देखता है? इधर देख न। मैं जवान हो गई हूँ...। हमारे गाँव में एक अहमद रिक्शा वाला था। बाबा को शक था कि वासन्ती उसके साथ फँसी हुई है। आई बाबा चाहते थे कि जल्दी-जल्दी उसकी शादी कर दें।...लेकिन मैं बड़ी थी न...इसलिए पहले मेरी शादी की सोची गई। और ताबड़तोड़ मेरी शादी कर दी गई...। मेरी शादी होने और घर बसने तक नितिन ने दसवीं पास कर ली थी और ग्यारहवीं में दाखिला ले लिया था।...आई वापस गाँव चली गई। क्योंकि बाबा बहुत बीमार रहने लगे थे...। उनको रोज शाम को बुखार आ जाता था।...और मैं अपने आदमी के साथ...। यहाँ बम्बई में...। मेरे आदमी का नाम यशवन्त घाघ। वो थाने की चुंगी पर काम करता था। महीने में दो-ढाई हजार कमा लेता था।...शादी की पहली रात को ही यशवन्त मेरे को बोला—

'देखो सकया मैं ऊपर की कमाई से घर चलानेवाला नहीं। तुझे इसी से ही घर का खर्च चलाना होगा।'

मैंने कहा काय को तू चिन्ता करता है। मेरे हाथ हैं न काम करने के लिए?...मेरा आदमी देखने में भी बहुत अच्छा था। अच्छा यानी बहुत अच्छा।...मतलब सलमान खान जैसा नहीं...मतलब कुछ...। मुझे बहुत प्यार करता था। और उसपे भगवान की सबसे बड़ी कृपा मेरी सास नहीं थी। न ननद..। हाँ एक बड़ा भाई था जो गाँव में रहता था।...मैं अपने आदमी को लेकर टिटवाला गई। वहाँ नारियल चढ़ाया। कि भगवान ने मुझे ऐसा अच्छा घर दिया और आगे भी ऐसी ही कृपा करना...। और भगवान की ऐसी कृपा रही। कि मेरे आदमी का पहले से ही एक औरत

के साथ लफड़ा था। वो हमारी पीछेवाली गली में रहती थी। उसके आदमी का नाम था रामप्रसाद मिश्रा। . . .वो अस्पताल में वार्ड ब्वाय था। सब लोग मिश्रा जी–मिश्रा जी पुकारते थे।..औ़र उसको मिश्राइन. . .जैसे ही मिश्रा जी तैयार होकर हास्पिटल के लिए निकलते. . .। इधर मिश्राइन बन-ठन के तैयार होकर निकलती। बिना बाजू का ब्लाउज पहने, गजरा-वजरा, लिपिस्टिक लगा के, गली में ठट्ठा मसखरी करती हुई। . . .उसका आदमी उससे उम्र में थोड़ा बड़ा था। . . .वैसे तो मेरे आदमी को उसने राखी भी बाँधी थी। भैया-भैया कहती थी. . .लेकिन वो कहावत है न दिन के भैया रात के सैयां. . .। अगर दो दिन मेरा आदमी उसके घर न जाए तो तीसरे दिन हमारे घर किसी-न-किसी बहाने आ धमकती। और आँखें मटकाकर ऐसे बात करती–

(मिश्राइन के भोंडेपन की नकल करती है।)

'का हो भैया ऽ ऽ का हो. . .बहिनन का भूल गए का ऽ ऽ? रात भर बैठी रही. . .खाना भी नहीं खाई. . .।'

फिर मेरी तरफ तिरछी नजर से देखकर बोलती–

'शादी होने का ई मतलब तो नाहीं कि बहिनन का ही भूल जाओ ऽ ऽ?'

उसको देखकर मेरे आदमी पर जैसे जादू हो जाता। खाना-पीना छोड़कर–

'दीदी ऽ ऽ दीदी ऽ ऽ दीदी ऽ ऽ।'

कहते हुए उसके पीछे-पीछे चल देता। . . .मैंने कितने ही पीर, फकीर दरगाह, उपवास किए मगर इस रांडे का जादू नहीं उतरा ऽ ऽ. . .नहीं उतरा. . .। इसी बीच मेरी एक लड़की भी हुई साइली. . .वो साईं बाबा के दिन यानी गुरूवार को हुई थी...। इसीलिए मैंने उसका नाम साइली रखा। मैं साईं बाबा को बहुत मानती हूँ। जब से बम्बई आई तब से शिरडी जाती हूँ। . . .हर दो-तीन महीने में एक बार. . .।

पहले वहाँ बहुत अच्छा था। चारों तरफ पेड़, झाड़, हरियाली. . .भीड़ भी नहीं थी। वहाँ एक कोरडीवाले बाबा थे। वो भजन बहुत अच्छा गाते थे। बस पेटी लेकर बैठ जाते और सब उनके साथ मिल के भजन गाते—

(जमीन पर बैठकर कोरडी बाबा की तरह हारमोनियम बजाने का अभिनय करते हुए।)

'एक रोगी महा रोगी था
बाबा की शरण गिर पड़ा
बाबा को आ गई दया
थोड़ी-सी राख दे दिया
प्रसाद भक्त ने लिया
निःस्वार्थ का फल मिला
रोगी निरोगी हो गया
खबर लो हमारी दया हो तुम्हारी
सुनो साईं बाबा ऽ ऽ
पिला दो पिला दो हमें प्रेम का प्याला
खबर लो. . .'

प्रेम का प्याला यानी सच्चे प्रेम का प्याला. . .। पीनेवाला नहीं. . .वो प्याला हमारे घर में कोई नहीं पीता बाबा प्रेम का प्याला।. . .मेरी आई भी गाती—

'खबर लो हमारी दया हो तुम्हारी ऽ ऽ
सुनो साईं बाबा।'

अब मैं शिरडी नहीं जाती। न पेड़, न हरियाली, सिर्फ दुकान-दुकान और इतनी गर्दी, इतनी गर्दी ऽ ऽ. . .कि घंटों लाइन में लगे रहो।. . .चार पाँच घंटे लाइन में लगने के बाद जब बाबा थोड़े दिखाई देने लगे. . .और हम उनको कुछ बोलने जाते हैं तो उनके वो होते हैं न. . .

'पुढ़े जा ऽ ऽ सरका ऽ ऽ पुढ़े जा सरका ऽ ऽ. . .।' लौकर...लौकर...

अरे क्या पुढ़े जा सरका-पुढ़े जा सरका।...मैं उस दिन से न पुढ़े गई न सरकी।...साईं बाबा को लाकर घर में बिठा दिया।...अब इधर ही मैं बाबा से बात कर लेती हूँ। हाँ ये बात अलग है कि साईं बाबा मेरी सुनते नहीं...।

(तभी टेलीफोन की घंटी बजती है। सकुबाई खबर लो हमारी सुनो साईं बाबा वाला भजन गाते-गाते फोन उठाकर गलती से हलो साईं बाबा बोलती है।)

सकुबाई : हलो साईं बाबा...सॉरी।...मैं सकुबाई बोलती है। हाँ ऽऽ नमस्ते मैडम...अच्छा मैडम...ये तो मैं कुछ नहीं बोल सकती मैडम...मेम साब तो बाहर गई हैं...वो साहब का नया नम्बर मेरे पास नहीं है। मैं नहीं बता सकती **(गुस्से में)**...आप इस तरह की बात मुझसे मत पूछा करो। तुम फोन रखो मैं रखती...।

(फोन रख देती है।)

सकुबाई : ये वही चुड़ैल है। जिसने मेरे साहब को फँसा रखा था।... बस क्या बताऊँ। साहब ही क्या आजकल हर घर में यही आग लगी हुई है और परिणाम।...ये साहब के ऑफिस में काम करती है।...साहब मेरे वो बनाते हैं...वो...टी.वी. में आता है ना...।

(साड़ी का पल्लू लहराकर कुँवर अजय साड़ी के विज्ञापन की नकल करती है।)

'कुँवर अजय साड़ी नम्बर वन...कुँवर अजय साड़ी नम्बर टू...।'

ये कुँवर बनती है और मेरे साहब अजय...। हुआ ये...जैसे ही मेम साब बाहर जाती हैं, इस चुड़ैल का फोन आ जाता है।...साहब घंटों तक उससे फोन पर बात करते रहते हैं।...और जैसे ही मैं कमरे में जाती तो तुरन्त अंग्रेजी

में बातें शुरू कर देते हैं।

'यस...यस...नो...नोऽऽ...।'

फिर मुझे जल्दी किसी बहाने से बाहर भेज देते हैं।...मैं सब समझती। हम अनपढ़ हैं तो क्या हुआ...अक्ल नहीं है क्या ऽ ऽ?...शाम को मेम साब आकर पूछतीं—

'क्या बात है सकुबाई? दिन में मैं फोन कर रही थी मिल ही नहीं रहा था?' तब साहब तुरन्त बोलते—

'नो नो पूजा फोन तो खाली था। शायद लाइन बिगड़ गई होगी।'

मेरे को मालूम कौन-सी लाइन बिगड़ गई है।...ये सुनकर मेम साब चुप हो जातीं। मैं भी चुप रहती।...काय को कुछ बोल के घर में क्लेश डालने का...। एक बार साहब को इधर हड्डी में कुछ हो गया।...क्या बोलते हैं...हाँ स्लिपिंग डिश...स्लिपिंग डिश हो गया था। डाक्टर बोला—

'अभी महीना दिन बिस्तर से उठने का नहीं। आराम करने का...।'

मेम साब दिन-रात उनकी सेवा करती।... और मेम साब के जाते ही साहब फोन पर...। उनके ऑफिस से कई लोग उनको देखने आते। एक दिन वो भी आ गई। मेम साब घर पे नहीं थी...ये एकदम छोटा-सा फ्राक पहनकर आ गई।...फ्राक उसका एकदम टाइट...। टाइट यानी इतना टाइट...कि दूर से ब्लेड दिखाओ तो टर्रा ऽ ऽक...। मैंने जैसे ही दरवाजा खोला सब कुछ हिलाती-डुलाती अन्दर आ गई। और मुझे देखकर बोली—

'हाय...सकुबाईऽऽ...कैसी हो...?'

इतनी ऊँची एड़ी का जूता पहन के।...जैसे पहले माले पर चल रही हो। वो हमारे गाँव में बच्चे लोग लकड़ी पर चलते हैं न।

(पंजों के बल एड़ियाँ उचकाकर चलकर दिखाती है)

और सीधी साहब के कमरे में घुस गई। और...ओ...जानू...ओ...जानूऽऽ... हाऊ आर यू। कहकर उनके ऊपर लद गई।...मैंने कहा...संभाल के बाई। वो कमरवाला आदमी है।...लेकिन साहब भी कुछ कम नहीं हैं। कितनी भी कमर दुखती हो, लेकिन उठकर गाल पर चुम्मा जरूर देना है। साहब ने उसको पूछा—

'क्या पिओगी ऽ ऽ?'

मैंने कहा—

'जहर दे दो ऽ ऽ!' तो बड़ा इतराकर बोली—

(पलकें झपकाकर हाथ मटकाकर कमसिन अदा में)

'आयल हैव...ब्लैक कॉफी।'

तो मैं कॉफी बनाने के लिए किचन में गई। तो ये भी मेरे पीछे-पीछे खट-खट करती हुई आ गई...और कहने लगी—

'लिसिन सकुबाई।...आय मेक।'

मैंने कहा, नो...आई मेक। मुझे आती है काली कॉफी बनाना...। तो झट से बोली—

'गुड।...बट डोण्ट पुट शुगर...।'

मैंने कहा—आप डोण्ट बोलेंगी तो मैं पुट शुगर क्यों डालूँगी...? फिर सामने फरसाण की अलमारी में से सारी बाटली खोल-खोल के एक-एक फरसाण खाने लगी।...मेरी मेम साब को फरसाण का बहुत शौक है।...मैं देखती क्या हूँ ये खाती जा रही है और बोलती जा रही है।

'लवली सकुबाई लवली ऽऽ...लवली ऽऽ...।'

मैं फरसाण की बाटली उसके हाथ से लेकर बोली—आप साहब के पास जाकर बैठो। मैं सब लवली लेकर आती।

मैं कॉफी बनाकर सब फरसाण ट्रे में रखकर साहब के पास पहुँची।...तो देखती क्या हूँ, ये साहब के पास

एकदम सट के बैठी है।...साहब मुझे देखकर जरा झेंपे...। मैं कॉपी रखकर वापस किचन में आ गई...। और सोचने लगी...कि इसमें और मिश्राइन में क्या अन्तर है...? यही न कि ये इंगरेजी में सबको हाय-हाय करती है।...सबके सामने लोगों से लिपट जाती है। मिश्राइन जो भी करती है वो इसलिए कि उसे उसके बुड्ढ़े आदमी से जो नहीं मिलता वो मेरे आदमी में ढूँढ़ लेती है।...मगर ये ऐसा क्यों करती है...? इसीलिए न कि इसे काम मिले। दाम मिले। लेकिन ये सब कितने दिन चलनेवाला?...अगर मेम साब को पता चल गया तो वही सब...झगड़ा टंटा... मार-पीट...। और फिर अनपढ़ लोग ही औरतों को नहीं मारते...पढ़े-लिखे भी मारते हैं। एक दिन मेम साब को पता चल गया...और फिर वही हुआ...। उस दिन इतवार का दिन था। सुबह-सुबह काम पर आई तो देखा कि मेम साब का मुँह सूजा हुआ है।

(बाईं आँख और गाल की तरफ इशारा करती है।)

...ऐसे...।...ये सब सूजकर लेबल पर आ गया था...मैं एकदम डर गई...। और पूछा—मेमसाहब ये सब हुआ क्या है? तो बोलीं—

'कुछ नहीं...कुछ नहीं ऽऽ...ऐसे ही...दरवाजा लग गया है...।'

मैं चुपचाप रही।...इतना तो मैं भी समझती हूँ कि कौन-सा दरवाजा लग गया है।...मैंने कहा—हल्दी का लेप लगा दूँ...?

तो बोलीं—

'नहीं सकुबाई...मैं मम्मी के घर जाऊँगी ऽऽ...।'

मैं बोली—आप क्यों जाओगी मम्मी के घर?...इस तरह आपको देखकर आपके घरवाले क्या सोचेंगे?...ये घर आपका भी तो है। आपका अपना ब्यूटी पार्लर है। ब्यूटी

पार्लर में पूजा मेम साब का नाम है। काम है।...आप अपने घर पर रहो। पहले अपने को ठीक करो। और अपने बच्चों को संभालो।...बस उस दिन के बाद पूजा मेम साब ने साहब को बोल दिया।

'तुम्हें जो करना है करो।...मेरा घर।...मेरा ब्यूटी पार्लर...।मेरे बच्चे...।'

मैं ये नहीं कहती कि मैंने पूजा मेम साब को कहा और उन्होंने मान लिया।...फिर तो ऊपरवाले का चमत्कार हो गया। उसको हमारे साहब से बड़ा कोई लवली साहब मिल गया।...और हमारे साहब को...। क्रिकेट में वो ऐसे बॉल मारते हैं न...खटाऽऽऽक।...वैसे ही...मैं उस दिन बहुत खुश थी। भगवान को धन्यवाद दिया...मुझे इतनी खुशी तो मेरे पति को मिश्राइन के छोड़ने पर भी नहीं हुई थी।...अरे। मैंने आपको बताया नहीं।...मिश्राइन तो मेरे आदमी को कब का छोड़ चुकी थी। उसको एक शम्भु नारियलवाला मिल गया था। जो मेरे आदमी से ज्यादा तगड़ा और पैसे वाला था। वो उसे रोज मुफ्त में नारियल पिलाया करता था।...मैंने उससे कहा बहना तुझे जितने भी मुफ्त नारियल पीने हैं पी...। लेकिन अपने भैया के लिए नारियल मत लाना।

यशवन्त भी मुझे बहुत प्यार करने लगा था। साइली भी धीरे-धीरे बड़ी होने लगी। यशवन्त ने उसे इंगरेजी स्कूल में डाला। मेरा यशवन्त मेरे को बोलता कि तेरी लड़की को खूब पढ़ाऊँगा...लिखाऊँगा। मैंने कहा—तू काय को चिन्ता करता है। मेरे हाथ बर्तन माँजते-माँजते सड़ जाएँगे। लेकिन तेरी लड़की को कभी बर्तन नहीं माँजने दूँगी। यशवन्त ने मिश्राइन को छोड़ा तो पैसे भी थोड़े बचने लगे थे। उसने साइली के लिए पायल और कान के लिए बाली बनवाकर दी। और उसने मुझे भी तीन कटोरीवाला मंगलसूत्र बनवाकर दिया।...खर्चा जो कम हो गया था

न...।

एक दिन गाँव से खबर आई कि मेरे बाबा बहुत सीरियस हैं। यशवन्त मेरे को और साइली को लेकर गाँव पहुँचा। बाबा चुपचाप आँगन में लेटे थे, देखते भी नहीं थे, मैंने कहा बाबा साइली पांव पड़ती है तब आँख खोलकर थोड़ा देखा—घर में वासन्ती कहीं दिखाई नहीं दे रही थी. . . । मैंने माँ से पूछा तो इशारे से चुप रहने को कहा।. . .बाद में धीरे से रसोई में ले जाकर बताया कि वासन्ती अहमद रिक्शेवाले के साथ भाग गई है। लेकिन बाबा को ये बात बताने के लिए मना किया।. . .नहीं तो उनकी तबियत और बिगड़ जाएगी।. . .यशवन्त ने कहा कि सुबह बाबा को लेकर बम्बई जाएँगे। और वहाँ किसी बड़े हास्पिटल में दिखाएँगे।. . .लेकिन सुबह जब तैयारी शुरू हुई. . .तो माँ ने देखा. . .कि बाबा चुपचाप लेटे हैं, हिलते ऽ ऽ-डुलते भी नहीं. . . । माँ ने मुझे बुलाया. . . । माँ बोली—

'ए तुकाराम. . . ।. . .तुकाराम. . . । ए सकिया देख तेरा बाबा कुछ बोलता ही नहीं है।'

मैंने पास जाकर देखा—बाबा ऽऽ. . .बा ऽऽ. . .बा. . .मेरा बाबा जा चुका था. . . । सारा जीवन दुःख उठाते-उठाते अब शरीर ने थककर साथ छोड़ दिया था. . . ।

तीन दिन तक हम लोग बहुत रोए पीटे. . . । फिर. . .क्योंकि. . .आई गाँव में अकेली रह जाती।. . .इसलिए मैं और यशवन्त आई को लेकर बम्बई आ गए. . . । कुछ दिन आई हमारे साथ खोली में रही. . . । फिर अलग खोली ले ली। नितिन आई के साथ रहने लगा. . . । आई फिर से काम करने लगी. . . ।. . .लक्ष्मी बाई. . .तुकाराम. . .जामड़े फिर से काम पर लग गई...।

इसी बीच कभी-कभी वासन्ती की उड़ती खबर आती है कि वो नासिक में है। एक बार खत भी आया कि उसको पैसों की जरूरत है. . .मैंने यशवन्त को झूठ बोला कि मैं

शिरडी जाती।...कुछ पैसे लेकर वहाँ गई।...तो पता चला कि वासन्ती किसी बंगाली के साथ कलकत्ता भाग गई।...फिर किसी ने बताया कि वो यहीं बम्बई में ही है। लेकिन मुझे विश्वास नहीं हुआ कि अगर वो बम्बई में होती तो क्या वो मुझसे और आई से मिलने नहीं आती...?

एक दिन मैं रात को खाना बना रही थी...। यशवन्त साइली को पढ़ा रहा था। या साइली यशवन्त को पढ़ा रही थी। मेरे को मालूम नहीं...। कि अचानक लाइट चली गई।...और एक हवलदार हमारे दरवाजे पर डण्डा मारकर बोला–

'यशवन्त घाऽऽ...घ। यशवन्त घाघ...।'

मेरा आदमी उठकर बाहर आ गया...। पुलिस को देखकर–

'हाँ साहेब।'

पुलिसवाले ने कहा–'तेरी औरत का नाम शकुन्तला है?'

'हाँ साहेब पर हुआ क्या...?'

मैं भी उसके पीछे दरवाजे पर खड़ी हो गई...वो मुझे देखकर बोला–

'येहै...?'

मेरा आदमी बोला–'हाँ साहेब पर हुआ क्या...?'

'होना क्या है। तुम लोग साले सुधरनेवाले नहीं क्या ऽऽ।'

फिर मुझसे बोला–

'ए...तेरी बहिन का नाम वासन्ती है?'

मैंने कहा–

'हाँ साहेब पर हुआ क्या...?'

पुलिसवाला बोला–

'तेरी बहिन ने सोसाइड कर लिया है। आत्महत्या। उधर कमाटीपुरा में धन्धा करती थी।...उसके बक्से में से

ये पुराना एड्रेस मिला। तीन दिन से ढूँढ़-ढूँढ़कर साला खोपड़ी फिर गया।. . .अरे चलो-चलो उधर कूपर अस्पताल में उसकी पहचान कर लो।. . .लावारिस लाश समझकर जला देंगे तो बाद में बोलोगे कि पुलिस ने हमारे साथ अन्याय किया।'

मैं अन्दर गई। स्टोव बन्द किया। बालों पर ऐसे ही हाथ फेरा। थैला उठाया। पड़ोस की मौसी को आवाज दी। साइली को उसके घर पे बिठाया। और अपने आदमी को लेकर पुलिस स्टेशन चली गई. . .। जब मैं यशवन्त को लेकर पुलिस स्टेशन पहुँची तो वहाँ के बड़े साहब ने हवलदार को डाँटा–

(दाँत कुरेदते हुए पुलसिया लहजे में)

'इसकी माँ कहाँ है?. . .इसकी माँ को साथ नहीं लाया??'

हवलदार बोला–

'साहब उसकी पेटी में जो एड्रेस मिला, वहाँ पर गए तो वहाँ लोग बोले–कि इधर से ये लोग बहुत पहले ही जा चुके हैं।...ये नयावाला एड्रेस उनको पता नहीं था। साहब कैसे ढूँढ़ते-ढूँढते. . .।'

बड़े साहब ने मेरे से पूछा–

'माँ कहाँ है तेरी?'

मैं बोली–

'उसकी खोली मेरे पास ही है साहेब. . .'

साहब बोले–

'माँ को बता के नहीं आई?'

मैं बोली–

'क्या बताती साहेब. . .वो सुनते ही बेहोश हो गई।'

'अरे बेहोश हो गई मर तो नहीं गई?'

साहब बहुत गुस्सा हो गए और मेरे आदमी पर भड़क गए–

'अरे ये तो औरत है। इसको तो अक्ल नहीं। पर तू तो आदमी है। तेरे को तो सोचना माँगता...।'

मेरा आदमी एकदम हाथ जोड़कर बोला–

'क्या साहेब?'

'तीन्च्या आइला ऽऽ...तेरे हाथ में देगा बॉडी...। कल को तेरा सास तेरा साला आकर बोला उसको काय को दिया बॉडी...?...फिर तू किधर से निकालेगा बॉडी... अरे समझाओ।...समझाओ न इसको।...जा अपनी सास को लेकर आ।'

मेरा आदमी तुरन्त ऑटो लेकर मेरी माँ को बुलाने भागा।...और मैं वहीं पुलिस स्टेशन में बैठकर वासन्ती को याद करने लगी...। कितनी सुन्दर काठी थी...गोरी चिट्टी, माँ की तरह लम्बी-चौड़ी...। सर्दी में एक रजाई होने के कारण हम दोनों एक ही बिस्तर में सोते थे...रजाई छोटी होने के कारण मैं और वासन्ती रजाई अपनी-अपनी ओर खींचते थे...। वो हमेशा अपनी एक टाँग और एक हाथ मेरे ऊपर रख लेती...।

चन्दा मामा चन्दा मामा लापलाइसकर...

निमोड़ी चा झाड़ करवन्ती...

मैं, वासन्ती, नितिन और आई सब एक साथ में सोते थे...। आई हमें गाने सुनाती–

'देव जरी मज, कद भेंट ला। माघ हवे ते माघ मढ़ाला।
मढ़ीं ला प्रभु रे माझे सारे। जीवन दे ही मम बांड़याला॥'

थोड़ी देर बाद यशवन्त आई को आटो में बिठाकर लाया और साथ में नितिन भी।...आई का रो-रोकर बुरा हाल था...। वो बेहोश होकर गिर पड़ी। साहब चिल्लाए–

'ए यहाँ पर नाटक नहीं करने का...।'

फिर नितिन ने मेरी आई का अँगूठा पकड़कर...हवलदार ने जो कागज दिया था उस पर लगाया...। फिर बड़े साहब ने हम लोगों को एक चिट्ठी दी और बोले–

'तुम लोग कूपर अस्पताल पहुँचो।'

रात का दो-ढाई बज चुका था...। हम लोग कूपर अस्पताल पहुँचे...। एक ठण्डे बरफवाले कमरे में सारी बॉडी रखते हैं...। कमरे के बाहर उसका वाचमैन और अस्पताल का वार्ड ब्वाय लोग पत्ता खेल रहे थे...। हम लोगों ने उन्हें चिट्ठी दिखाई...तो बोले--

'रात को बॉडी नहीं मिलती। जाओ सुबह को आना...।'

हम लोग वहीं खड़े रहे...। करीब एक घंटे के बाद जब उनका पत्ता खत्म हुआ...। तो उनमें से एक बोला--

'यार ये लोग तो जानेवाले नहीं।...कहाँ है दिखाओ चिट्ठी।'

मेरे आदमी ने उन्हें चिट्ठी दी। फिर उसने अलमारी में से एक बड़ी किताब निकाली।

(रजिस्टर के पन्ने पलटने का अभिनय करती है।)

'अ...वासन्ती...वासन्ती...उमर पैंतीस साल कमाटीपुरा में धन्धा करती थी। पंखे से लटककर मर गई स्साली।

जब उसने साली बोला तो मुझे इतना गुस्सा आया कि मैं उसका मुँह नोंच लूँ...फिर बोला--

'इतनी रात को उस कमरे में जाने से डर लगता है। ठण्डी में सारे मुर्दे अकड़ जाते हैं।'

फिर एक-दूसरे को धक्का देते--'ए तू जा ऽ ऽ... तू जा।...तू जा...ऽऽ पाकिया तू जा ऽऽ...।' करके ठट्ठा मसखरी करने लगे...। यशवन्त ने जाकर दो सौ रुपए उनके हाथ में रख दिए। तब जाकर वासन्ती की बॉडी ऐसे...सफेद कपड़े में लपेटकर सामने डाल दी...। नितिन गंगाजल साथ लाया था...। मैंने और आई ने उसके मुँह में गंगाजल डाला...।

'जय राम...। श्री राम...जय राम...। श्री राम...।'

मैं आई को लेकर घर वापस आ गई. . . । नितिन और यशवन्त वासन्ती का क्रिया-करम करके ही घर लौटे. . . । उसकी एक टूटी-फूटी पेटी मिली थी।. . .उसमें उसके कुछ पुराने कपड़े थे। उसको देखकर यशवन्त ने मेरे से कहा—

'उसका कोई भी सामान इस घर में नहीं आना चाहिए।'

मैंने वो सब किसी-न-किसी को दे दिया. . . । बस सिर्फ एक फोटो चुपके से उस पेटी में से निकाल लिया।. . .वो फोटो हमने मेले में कार में बैठकर खिंचाई थी। वो असली कार नहीं थी. . .वो जो पुट्ठे की होती है न. . .उसके पीछे खड़े होकर फोटो खिंचाओ तो लगता है कि जैसे सच्ची कार में बैठे हों. . . । न जाने क्या-क्या सोचकर वो घर से भागी होगी. . . ? कैसे-कैसे सपने होंगे उसके मन में. . . । क्या सोचा होगा. . . ? और क्या मिला. . .एक साड़ी. . .एक पंखा. . . । एक स्टूल. . . ।

(बाहर दरवाजे पर डोर बेल बजती है। पहले एक बार फिर दो बार।)

सकुबाई : फूलवाला होगा।. . .अभी देखना तीन बार घण्टी बजाएगा।

(तभी तीन बार लगातार डोर बेल बजती है। सकुबाई बड़बड़ाती हुई गुस्से में बाहर जाती है। और बाहर से ही सकुबाई के डाँटने की आवाज सुनाई देती है।)

सकुबाई : ए ऽ ऽ नाशपीटे।. . .हलकट।. . .बिजली का बिल कौन भरेगा. . .तेरा बाप. . . ? *(फूलवाला बाहर से ही 'कु कुऽऽकूँ ऽऽ कूँ की आवाज निकालकर भाग जाता है। सकुबाई हाथ में दो फूल की पुड़ी लेकर बड़बड़ाती हुई अन्दर आती है।)*

सकुबाई : बहोत खराब लड़का है।. . .जब भी मैं दोपहर को थोड़ा आराम करने बैठूँ तभी ये आएगा। पहले एक बार घण्टी बजाएगा। फिर दो बार। फिर तीन बार. . . । और जब कुछ

भावपूर्ण मुद्राएँ

बोलो तो—

'कु कु कूँ ऽ ऽ कूँ ऽ ऽ।'

बोलकर भाग जाता है।...मैं मेमसाब को बोलनेवाली भाई कि इस का कुछ करो।...दो-दो...तीन...तीन दिन के फूल एक साथ देकर जाएगा।...अब ये दो दिन नहीं आएगा।...इनके घर का दीया-बत्ती भी मुझे ही करना होता है।...इतनी-सी थी तब से माँ के साथ रोज दीया-बत्ती करती थी।..मगर भगवान अपनी इच्छा से ही प्रसन्न होते हैं।...अब तक हमारे दिन तो नहीं बदले।...भगवान मुझे क्षमा करें...। मगर एक बात मेरे मन में जरूर उठती है।...हम लोग दिन-रात मेहनत करते हैं। मेहनत करते-करते बूढ़े हो जाते हैं...और मर जाते हैं। न कोई हमें पूछता है न याद करता है।...अरे रोने और याद करने के लिए भी तो टाइम चाहिए...। और टाइम है किसके पास...?...फिर छुट्टी हमें कौन देगा...? एक दिन-दो दिन बस...। ज्यादा छुट्टी करेंगे तो दूसरी बाई रख लेंगे।...भगवान ने भी इतने सारे दुःख हमारे हिस्से में दे दिए...अरे क्या अल्लाह। क्या भगवान।...सब एक दूसरे की मिलीभगत है। सब एक ही थैली के चट्टे-बट्टे हैं। एक वो शहनाज मेम साब थी, क्या किया उसके अल्लाह ने...? दिन भर अल्लाह-अल्लाह करती रहती थी। कुछ नहीं तो दिन में दस-पन्द्रह बार तो नमाज पढ़ती थी।...नहीं-नहीं ये जरा ज्यादा है। दस पन्द्रह बार नहीं।...हाँ पाँच बार नमाज पढ़ती थी। कितना अच्छा आदमी था उसका। ढेर सारे बच्चे थे। उनके तो होते हैं न...?...अ...क्या बोलते हैं अल्लाह का करम। उसके आदमी की क्राफेड मार्केट में प्लास्टिक की दुकान थी।...दोनों में बहुत प्यार था। और वो शहनाज मेम साब। हमेशा पर्दे में रहती थी। मैं उनको बहुत बार बोली—क्या मेम साब आप ऐसी गर्मी में ये काला तम्बू डाले रहती हो। आपको गर्मी नहीं लगती? तो हँसकर बोलती—

'नहीं सकुबाई ये तो हमारा रिवाज है।'

इतनी अच्छी औरत। और उसके रिश्तेदार।–

'शहनाज तो ऐसी है वैसी है पर्दा नहीं करती।'

अरे क्या परदा नहीं करती। दिन भर तो तम्बू में बैठी रहती है। परदा नहीं करती. . . । उसका आदमी भी बोलता–

'शहनाज इतना पर्दे में मत रहा करो।'

बड़ी अच्छी औरत थी।. . .उस पर अल्लाह ने क्या किया उसके साथ. . . ? उसका आदमी दुकान से घर आ रहा था तो रास्ते में एक ट्रकवाले ने उड़ा दिया। तब अल्लाह उसे बचाने नहीं आया।. . .एक झटके में सब खत्म हो गया।. . .मैं बोली–मेम साब आप दिन-रात अल्लाह-अल्लाह करती थीं। उसने क्या दिया आपको. . . ? इस पर वो बोली–

नहीं सकुबाई। ऐसा नहीं बोलते।. . .शायद उनकी यहाँ से ज्यादा वहाँ जरूरत होगी. . . ।'

इतनी अच्छी औरत. . . । फिर आ गए उसके रिश्तेदार . . .दुकान हड़पने. . . । दिन-भर उसी का खाते थे और अब. . . । इतना सब होने के बावजूद उसने हिम्मत नहीं हारी।. . .वही औरत शहनाज जिसका नाम। पर्दा उठाया और निकल पड़ी मर्दों की दुनिया में. . . । क्रॉफेड मार्केट में मर्दों के बीच. . . । बच्चों से कहा–

'बच्चो तुम घर संभालो। मैं दुकान संभालती हूँ और फिर क्या दुकान चली कि पूछो मत...।' एकदम दौड़ने लगी।

बस फिर क्या था, किसी की हिम्मत जो उसे आँख उठाकर देखे. . . ।. . .अब वही रिश्तेदार कहते हैं–

'शहनाज अभी तुम्हारी उम्र ही क्या है? तुम्हें दूसरी शादी कर लेनी चाहिए।'

तो वो मुस्कराकर कहती–

'मेरी शादी तो हो चुकी है इस दुकान के साथ. . . ।'

इतनी हिम्मत वाली औरत...। लेकिन उसके पास इतनी हिम्मत कहाँ से आई...? अरे बाबा ये हिम्मत उसे उसके अल्लाह ने ही तो दी होगी...। माफ करना अल्लाह जी माफ करना।...पर पता नहीं हमारे विठ्ठोबा कब प्रसन्न होंगे...?

(तभी टेलीफोन की घण्टी बजती है।)

सकुबाई : हलो। कौन चाहिए।...अच्छा खन्ना भाभी जी।...मेम साब तो नहीं हैं।...आज वो अपनी मम्मी के घर गईं। (फोन पर हाथ रखकर ऑडिमेन्स से कहती है) मेमसाब से सब अपना ब्यूटी पार्लर का काम मोफ़त में कराती हैं।...नहीं क्यों?...साहब मेम साब तो ठीक हैं।...नहीं कोई प्राब्लम नहीं है।..हमारी मेम साब क्या साहब से झगड़ा करके ही मम्मी के वहाँ जाएँगी?...भाभी जी आप मेरे से ऐसी बात क्यूँ पूछते हो? आपको जो भी पूछना है मेम साब से पूछो न डायरेक्ट...तुम फोन रखो मैं रखती...।

(फोन रख देती है।)

सकुबाई : *(गुस्से में)* साली जाँड़ी बड़ी चालू औरत है।...पार्टी में आती है तो आधा खाना खुद ही खा जाती है।...टेस्टी।...वेरी टेस्टी। कहती हुई सीधा किचन में घुस जाएगी। और बोलेगी—

हाय सकुबाई, मुझे भी अपनी तरह कुक ला दो न। अरे क्या कुक ला दो। कुक बेचारी रोटी बनाते-बनाते मर जाएगी और ये खाती जाएगी।...कंचे के बराबर तो जूड़ा बनाती है...वो जो हमारे गाँव में खेलते हैं बच्चे वो।...और उसके ऊपर से गजरा चिटका के आती है...।...पार्टी में दस बार तो इसका पल्लू गिरता है। जैसे कि देखो जी...हमारे पास है...। अरे उसमें दिखाने का क्या। भगवान ने सबको दिया है।...किसी का छोटा किसी का बड़ा...।

एक बार तो उसने कमाल ही कर दिया। हमारे घर में पार्टी चल रही थी। उसमें ये आई हुई थी।...बाहर के बाथरूम में कोई गया था तो ये मेम साब के बेडरूम वाले बाथरूम में गई। उसी समय मैं भी बाथरूम में टॉवेल रखने को घुसी। तो मैंने देखा कि ये मेम साब की मेकअप वाली टेबल की दराज में से कुछ निकालकर पर्स में रख रही है।...मुझे देखकर एकदम सीधी हो गई और कहने लगी—

'सकुबाई...मैं...मैं वो...टिश्यू हाँ टिश्यू ढूँढ़ रही थी।'

मैंने कहा—मेम साब टिश्यू तो आपके सामने पड़ा है। बाहर हाल में भी है। हर जगह टिश्यू-टिश्यू है।...मुझे शक हुआ। मैं सीधी मेम साब के पास गई और धीरे से उन्हें बताया।...तो वे बोली—

'नहीं-नहीं सकुबाई। ऐसा नहीं हो सकता। तुम्हें कोई गलतफहमी हुई है।'

मैं बोली—पहले आप चलकर मेकअप वाली दराज में चेक कर लो। वो फिर भी नहीं मानी। मैंने कहा—देख लो बाद में मत बोलना। मैं अकेली काम करनेवाली बाई। बात मुझ पर आएगी। कुछ भी हो चोर तो हम लोगों को ही समझा जाता है।...मेम साब ने दराज चेक की तो एकदम डर गई...हीरे की अँगूठी गायब। उन्होंने अँगूठी पार्टी में पहनने के लिए निकाली थी। फिर भूल गईं। मेम साब ने साहब को अन्दर बुलाया। साहब बोले—

'नो-नो पूजा ऐसे कैसे हो सकता है?'

मैंने कहा—देख लो साहब हो गया...।

साहब बोले—अब क्या करें?

मैं बोली—वो आप मेरे ऊपर छोड़ दो। वो साली जाँड़ी को तो मैं सीधा कर दूँगी।

मेम साहब बोली— 'सकुबाई। वो बहुत बड़े आदमी की वाइफ है।'

मैं बोली—अरे बड़े आदमी की वाइफ को वैसा बड़प्पन

नाटक की प्रस्तुति के दौरान सकुबाई की भूमिका में सरिता जोशी

भी तो आना चाहिए और फिर अमीर होना बड़प्पन की गारण्टी तो नहीं...। साली चोर...मैं मेम साब को बोली—आप चिन्ता मत करो। कोई शोर नहीं होगा। कोई लफड़ा नहीं होगा। आपकी चीज आपके पास आ जाएगी बस। साहब बोले—

'हाँ सकुबाई कुछ करो।...कुछ करो यार।'

मैं बाहर आ गई। आई तो देखती क्या हूँ वो हॉल में बैठकर लपक-लपक के काजू खा रही थी। मैं वहीं दरवाजे के पास खड़ी उसको देखती रही।...एक दो मिनट के बाद डाँस का म्यूजिक चालू हुआ।...उसे डाँस करने का बहुत शौक है। और डाँस करने में उसका दो-तीन बार साड़ी का पल्लू नीचे गिरना ही गिरना।...तो वो अपना पर्स रखकर डाँस करने के लिए खड़ी हो गई।...हमारे एक पड़ोसी हैं डाक्टर अग्रवाल साहब। उनके साथ डाँस करने लगी। अग्रवाल साहब को डाँस करने का बहुत शौक है। उनको डाँस करना नहीं आता। वो हमेशा रेलगाड़ी चलाते हैं। ऐसे...

मैंने एकदम मौका देखकर पास ही टेबल पर रखा उसका पर्स उठा लिया। और साड़ी के पल्लू में छिपाकर किचन में ले गई। किचन में जाकर पर्स खोला तो उसमें हीरे की अँगूठी...। मैंने झट से उसमें से अँगूठी निकाली और पर्स बन्द किया और हॉल में आ गई। मैंने देखा कि वो साली जाँड़ी अभी भी नाच रही थी। मैंने मौका देखकर पर्स वहीं धीरे से वापस रख दिया। मेम साब को साइड में बुलाया और अँगूठी उनके हाथ में दे दी। अँगूठी देखकर मेम साब बोलीं—

'सक्कूऽऽ...।'

मैंने कहा—बक्कू ऽ ऽ...जब पार्टी खत्म हुई तो वो किचन में आई और दो-तीन दाने इलायची और लौंग के मुँह में रखकर बोली—'बाई...सकुबाई...बाई...।'

मैंने कहा बाई की बच्ची बड़ी इतरा रही होगी। सोच

रही होगी कि इस घर से बड़ी कमाई करके ले जा रही है।...घर जाकर पर्स खोलकर देखेगी...तब पता चलेगा कि किसी ने उसकी वाट लगा दी। *(या सेर को सवा सेर मिला।)*

(सकुबाई सोफे पर बैठती है, घड़ी देखती है। सोफे से फिल्म पत्रिका उठाती है। और उसके पन्ने पलटती है।)

सकुबाई : कितनी देर हो गई...हरे शम्भू...। मेरे को दिलीप कुमार बहुत अच्छा लगता। वो पहले की फिल्मों में हमारे गाँव की घास खाता। अब नहीं खाता। मेरी माँ को अशोक कुमार बहुत अच्छा लगता है और साइली को काजोल...। अभी उसने किसी गन के साथ शादी कर ली है। सुमन गोविन्दा की पिक्चर बहुत देखती है।...सुमन मेरी भाभी, मैंने आपको बताया नहीं...। नितिन ने शादी कर ली है। बहुत अच्छी लड़की है। उसके छोटे-छोटे हाथ, छोटे-छोटे पैर...। उसका सब कुछ छोटा-छोटा है। उसको पिक्चर का बहुत शौक है। वैसे बहुत अच्छी औरत है। मैं आई को बोली—तूने पिछले जन्म में जरूर कोई पुण्य का काम किया होगा जो तुझे इतनी अच्छी बहू मिली। उसके एक लड़का है अजीत। और एक लड़की है मीना। बहुत ही सुन्दर है वो। सब लोग बोलते हैं कि मीना अपनी आत्या पर गई है।...आत्या यानी कि मैं...। सुमन ने मेरी बहुत मदद की है। यशवन्त की बीमारी के टाइम में तो वो मेरे साथ ही हर जगह भागती।...डाक्टर के पास जाना....। इस अस्पताल से उस अस्पताल...यहाँ से वहाँ...।

हुआ ये कि कोई ढाई साल पहले मेरा आदमी बार-बार बीमार पड़ता था। कभी पेट खराब हो तो दो-तीन महीने...। कभी साँस की तकलीफ हो तो दो-तीन महीने...। रात को ठीक से सो भी नहीं पाता था। हमेशा हल्का बुखार रहता था।...कोई डॉक्टर ये दवाई देता, कोई डॉक्टर वो...। एकदम सूखकर काँटा हो गया था। ऐसा...। चलने को

भी नहीं सकता था। कोई कुछ बोलता कोई कुछ. . .। पर कोई सुधार नहीं हुआ. . .। फिर एक मुन्सीपाल्टी डॉक्टर को दिखाया।. . .तो बोला कि खून तपास कराके लाओ। फिर खून तपासी का सब रिपोर्ट लेकर डॉक्टर के पास गए. . .। डॉक्टर रिपोर्ट देखकर सोचता रहा. . .। फिर एक पर्ची लिखकर दी. . .। और कहा—

'तुम लोग जे.जे. अस्पताल जाओ।'

मैं बोली—'क्यों साब. . .?'

वो बोले—

'तुम्हारे आदमी को जो बीमारी है उसके लिए जे. जे. अस्पताल ही जाना होगा।'

मैंने कहा—

'बीमारी क्या है?'

तो बोले—'ये उधर ही जाकर पता चलेगा।'

मैं और सुमन यशवन्त को लेकर जे.जे. अस्पताल पहुँचे। मैं यशवन्त को उधर बरामदे में बिठा के सुमन को उसके पास खड़ा करके अस्पताल की पर्ची भरने और डॉक्टर से मिलने के लिए दौड़भाग करने लगी. . .। सरकारी अस्पताल।. . .सरकारी अस्पताल में न कोई किसी की सुनता है और न ही कुछ बताता है। मैं तो कहती हूँ कि गरीब के बीमार होने से अच्छा है उसका मर जाना। कितनी-कितनी महँगी दवाइयाँ. . .। सुइयाँ. . .। डॉक्टर की फीस. . .। तपासी का खर्चा. . .। फिर फल फ्रूट. . .। ताकत की गोली। जूस. . .। रोज-रोज आना-जाना. . .बस का किराया. . .। ऊपर से छुट्टी. . .। कहाँ से करेंगे बाबा. . .।

हम लोग दिन भर उधर ही बैठे रहे।. . .अस्पताल में। शाम को पाँच बजे डॉक्टर साहब आए। साढ़े सात बजे नम्बर लगा। मैं यशवन्त को लेकर अन्दर गई. . .। तो डाक्टर ने बोला—तुम बाहर बैठो।. . .

फिर दस—पन्द्रह मिनट तक मेरे आदमी से अकेले

में बात की। फिर वापस मुझको अन्दर बुलाया और बोला—

'तुम अपना और अपनी बेटी का खून तपास करा के ले आओ।...'

और जाने को बोला।...फिर मैं और सुमन मेरे आदमी को लेकर बाहर आ गए। यशवन्त वहीं फुटपाथ पर बैठकर फूट-फूटकर रोने लगा। मैं कितना पूछी—यशवन्त काय को तू रोता है? क्या बोले डॉक्टर साहब...? पर वो कुछ नहीं बोला, बस रोये जा रहा था।...थोड़ी देर में वो धीरे से खड़ा हुआ। और बोला—

'कल सुबह सबसे पहले तुम अपना और साइली का खून तपास करा के तब इधर आना...।'

घर पहुँचकर भी साइली को बार-बार प्यार करके रोता रहा।...सुबह उठकर मैं अपनी और साइली की खून तपासी की रिपोर्ट लेकर डॉक्टर के पास पहुँची। डॉक्टर कागज देखकर बोला—

'गुड...वेरी गुड...।...तुम दोनों बच गए...।'

साइली एकदम से बोली—'डॉक्टर साहब बाबा को क्या एड्स हुआ है?'

डॉक्टर बोला—'हाँ तुम्हारे बाबा को एड्स हुआ है। अभी तुम दोनों को बहुत ध्यान रखना पड़ेगा।...वो ज्यादा-से-ज्यादा छः महीने और जिन्दा रहेगा...।'

फिर मेरे को बोला—'अब अपने आदमी के साथ सोने का नहीं। एक-दो महीने के बाद उसको हम इधर ही भर्ती करेगा...।' अभी अस्पतालों में जगह नहीं है।

फिर एक कागज में दवाई लिखकर दी और कहा—

'इसको बाजार से खरीद कर टाइम पर खिलाते रहने का...।'

हम दोनों रोते-पीटते घर पहुँचे तो यशवन्त अपना सामान बाँधकर तैयार बैठा था...। फिर मेरे को देखकर एकदम बोला—

'ए सकु क्या बोला डॉक्टर...? तू बता मेरे को...। क्या बोला?'

मैं बोली—'हम दोनों को वो बीमारी नहीं है।' तो एकदम खुश होकर बोला—

'हे भगवान...। हे देवा...। माँ अम्बे...। माँ भवानी...।...तेरा लाख-लाख शुक्र है...। हे जगदम्बे...तेरा लाख-लाख धन्यवाद...।'

फिर मैंने पूछा—'तू ये सामान बाँधकर क्यों बैठा है?...।'

तो बोला—'बस...। अब मैं यहाँ नहीं रहूँगा...अपने गाँव जाऊँगा...। अपने भाई के पास...।'

मैंने बहुत समझाया—'वो डॉक्टर साहब ने जो दवा बताई थी। वो मैं ले आई...।'

तो बोला—'दो-चार महीने और ज्यादा जीऊँगा यही न...? मैं इधर बम्बई में नहीं मरना चाहता...गाँव जाएगा...। उधर ही रहेगा...।'

मैं बोली—'इधर अस्पताल में भर्ती करा के तेरी दवा दारू करेगी...।'

इस पर बोला—'इससे क्या फर्क पड़ेगा...। इसी बीच मेरी वजह से साइली को कुछ हो गया तो...? नहीं सकू मुझे जाने दे...। इसी में सबका भला है।...ये मेरे अपने कर्मों का फल है। इसका नतीजा तुम लोग क्यों भुगतो...।'

उसने सामान उठाया और बोला—

'तुम लोग हर महीने मुझको देखने आना...।' ये कहकर वो बाहर निकल गया...। साइली दौड़कर उसे पकड़कर रोने लगी...। तो उसे प्यार से समझाते हुए बोला—

'अरे बेटा तू रोएगी तो तेरी आई का क्या होगा? तू तो मेरी पढ़ी-लिखी समझदार बेटी है। मैं वहाँ अच्छे से रहूँगा...। खेतों की खुली हवा लगेगी...हो सकता है उससे कुछ फायदा हो...? अपनी आई का और अपना ख्याल

रखना. . . । मैं समझता था. . .कि मैं बहुत अच्छा आदमी हूँ।. . .शराब नहीं पीता. . .।जुआ नहीं खेलता. . . ।. . .बस. . .एक ही भूल की उस ने लाइन में लगा दिया. . . ।'

बस फिर वो मुझे और साइली को रोता छोड़कर चला गया. . . । मैं और साइली हर महीने गाँव जाते. . . । तीसरे महीने जब गाँव गए. . . । तो उसकी हालत बहुत खराब थी।. . .सूखकर एकदम ढाँचा हो गया था। आँखें धँस गई थीं। बाल भी झड़ गए थे. . . । उसको खाट पर से उठने को नहीं होता था. . . । खेतों में अकेला पड़ा रहता था. . . । मैंने उसकी हालत देखी तो मैं जोर-जोर से रोने लगी. . .मैंने कहा—

'चलो उधर जे.जे. अस्पताल में भर्ती करा देंगे. . . ।'

तो बोला—'नहीं। तू काय को मेरी मिट्टी खराब करती है। उधर अस्पताल में गन्दगी. . . । एक के ऊपर एक मरीज. . . । तू इलाज के लिए डॉक्टरों के पाँव पड़ेगी. . . । और उससे भी क्या होगा. . . ? मैं यहीं ठीक हूँ. . . ।'

मैं कुछ भी बोलती तो इशारे से चुप करा देता—

(चुप रहने का इशारा करते हुए)

शू ऽ ऽ ऽ।
एक विठ्ठल, एक विठ्ठल।
देह विठ्ठल, तीर्थ विठ्ठल ॥
विठ्ठल विठ्ठल, एक विठ्ठल।
मैं अपने जेठ के पास थोड़ा बहुत पैसा, फल फ्रूट, दवा छोड़ के बम्बई आ गई. . . । आने के तीसरे दिन ही मेरे जेठ का गाँव से तार आया कि यशवन्त बहुत सीरियस है।. . .हम सब लोग नितिन, साइली, आई गाँव पहुँचे तो यशवन्त जा चुका था। मेरे जेठ ने उसका क्रिया-करम भी कर दिया था। मैं दो दिन वहाँ रुकी. . . । जेठ को क्रिया-करम का पैसा दिया और वापस आ गई. . . । सच, बड़ा अच्छा था

मेरा आदमी।...नसीब वालियों को मिलता है ऐसा मरद...। भगवान वो जहाँ भी हो...। जैसा भी हो...उसकी आत्मा को शान्ति देना...।

एक विठ्ठल, एक विठ्ठल।
देह विठ्ठल, तीर्थ विठ्ठल ॥
विठ्ठल-विठ्ठल एक विठ्ठल।
देह विठ्ठल, तीर्थ विठ्ठल ॥
विठ्ठल देव पूजा ॥

(तभी फोन की घण्टी बजती है।)

सकुबाई : हलो ऽऽऽ सायली ऽऽ तू...काय झाला...मैं तो ठीक हूँ...मेम साब ने रुकने को बोला रे।...साहब कल जापान जाते हैं। उनका सूटकेस निकालने का...कौन?...अरे तो उनको बिठा न...सुमन को बुला ले। अच्छे से बिठाना...। चाय कॉफी बनाकर पिलाना। बाजार से ठण्डा मँगवा लेना। और सुन अपने बाबा की फोटो को प्रणाम कर लेना।...मेरा राजा...मेरा बेटा ऽऽऽ *(पुचकारती है।)*...ठीक है। रखती हूँ।

(फोन रखकर भगवान से हाथ जोड़कर फिर बोलती है।)

सकुबाई : मेरी लड़की साइली। पढ़ने में बहुत तेज है। बी.काम. में फर्स्ट क्लास आई है।...स्कालर मिलता है।...बारहवीं में भी फर्स्ट क्लास था उसका...। *(न्यूज पेपर दिखाते हुए)* ऐसा फोटो छपा था उसका। पेपरवाले मेरे को पूछे–

'क्यों कैसा लगता है लड़की का फोटो अखबार में देखकर...?'

–अबी कैसा लगेगा। अच्छा ही लगेगा न...? मुझे तो यकीन नहीं होता था कि वो इस साल पास हो जाएगी...। आजकल वो लिखने में ज्यादा ध्यान देती

थी।...वो कविताएँ लिखती है।...उसको इनाम मिला था। युवा-कवियत्री का...।

(एक किताब टेबल से उठाकर दिखाते हुए)

ऐसी किताब छपी थी उसकी कविताओं की...। बहुत बड़ा प्रोग्राम था। मेरी साइली मेरे को फोन करके बुलाई...। तो मैं काम पर से ऐसे ही सीधा चली गई...। जब वहाँ पहुँची तो वॉचमैन ने मेरे को रोका...। मैंने बोला—मैं साइली की आई...। तो ऐसे मुँह बनाकर मेरी तरफ देखा

(मुँह बिचका कर)।

'हुँह उजाला सुप्रीम...।'

मेरे को भी अच्छा नहीं लगा। मैं फौरन वापस आई और अच्छी जरी की साड़ी पहनकर, पौडर-वौडर लगाकर...गोलमाला पहनकर ऑटो में बैठकर गई।...वो वॉचमैन मेरे को देखकर—

'हूँ ऽ ऽ उजाला सुप्रीम...।'

मैं अन्दर गई। वहाँ बहुत सारे बड़े-बड़े लोग थे। स्टेज के बीचोंबीच साइली बैठी हुई थी। उसके अगल-बगल भी लोग बैठे हुए थे।...साइली मेरे को देखकर खड़ी हो गई और ऊपर स्टेज पर बुलाने लगी...। और मेरा हाथ पकड़कर स्टेज पर खींचकर ले गई...। और बोली—

'ये मेरी आई...। मेरी माँ...। जिसके लिए मैंने ये कविता लिखी...।'

सब जगह उसकी कविता छपती है। साइली मेरे को बोलती है—'आई बहुत मेहनत कर ली तूने...। अब तेरा काम पर जाना बन्द।...अब तू घर बैठकर आराम करेगी।'

मैं बोली—'बेटा बुढ़ापे का शरीर है। काम नहीं करूँगी तो बीमार पड़ जाऊँगी।'

तो साइली कहती—'ऐसा अविश्वास मत कर माँ...। अब अपने अच्छे दिन आ गए हैं। तू पढ़ना चाहती थी

न. . . ? पढ़।'

चलो एक तो फर्क पड़ा। मेरी आई ने पढ़ने के लिए मुझे थप्पड़ मारा था। आज मेरी लड़की मुझे पढ़ने के लिए कहती है।. . .फर्क तो पड़ा. . .। उसने मुझे अपनी एक कविता याद कराई है। मैं आप लोगों को सुनाती हूँ—

माँ उठ, सर उठा, देख समय आया है।
सर झुकाए खड़ा है
शर्मिन्दा है
कि इतने वर्षों से जो तुझे उसने दुःख दिया
तुझे सताया, रुलाया
तेरा हर सुख छीन लिया
तेरा ही नहीं
तेरी माँ का भी
उसकी माँ का भी
और उसकी माँ का भी
आज वो तुझसे माफी माँगने आया है
कि उसने तेरे साथ बड़ा अन्याय किया
पर वो कहता है कि वो अब अपने को सुधारेगा
अपने आप को बदलेगा, एक नया युग लेकर आएगा
माँ उठ, सर उठा, देख समय आया है।
यूँ हताश न हो
तूने तो सारे जीवन है संघर्ष किया
रानी लक्ष्मी बाई की तरह, तू भी तो एक योद्धा ही है
वो तो केवल एक लड़ाई लड़ी और मर्दानी कहलाई
पर तू तो सदियों से जीवन के संग्राम में है जूझ रही
तेरे पाँव चलते-चलते थक गए
तेरे हाथ बर्तन घिसते-घिसते सड़ गए
किसी दिन भी तू जी भर के सो नहीं पाई
तेरे कन्धे कपड़े धोते-धोते अकड़ गए
पर माँ, अब तेरे आराम के दिन आए हैं

बैठकर सुस्ताने के, मुस्कुराने के दिन आए हैं
माँ उठ, सर उठा, देख समय आया है।
ये मेरा विश्वास, मेरी आस्था है
समय के साथ चल माँ, वो हमें बुलाता है
तू तो विशाल हृदया सब कुछ सहने वाली
समय भी तो तेरे बच्चे की तरह ही तो है न?
आज जब वो माफी माँगता है तो जाने दे
जीवन को दे-दे एक और मौका
चल माँ उठ, सर उठा, देख समय आया है।
उठ माँ उठ, हाथ बढ़ा, देख समय आया है ॥

कठिन शब्दार्थ

दक्षता—कुशलता। **परिहास**—हँसी-मज़ाक़। **अरे देवा**—हे भगवान। **फोकट**—मुफ़्त। **पगार**—वेतन, तनख़्वाह। **बाजूवाली खोली**—बगल वाला मकान (कमरा)। **माला**—ऊपरी मंज़िल। **नई**—नहीं। **बाउड़ी**—तालाब (छोटी नदी)। **आइगो**—अरे। **आई**—माँ। **इत्तर**—खुशबू (सेंट)। **नौवारी**—साड़ी का नाम (महाराष्ट्र में)। **ख़्याल**—ध्यान। **तावड़तोड़**—जल्दी में। **दाख़िला**—प्रवेश (एडमिशन)। **लफड़ा**—इश्क-मोहब्बत (रोमांस)। **ठट्ठा-मसखरी**—मज़ाक़। **राडे**—रंडी (धन्धे वाली)। **पीर-फकीर**—साधु-संन्यासी। **लौकर-लौकर**—जल्दी करो, जल्दी करो। **क्लेश**—झगड़ा। **टर्राक**—फट जाना। **पहले माले पर**—पहली मंज़िल पर। **फरसाण**—नाश्ता (जैसे—बिस्किट, मट्ठी, चिप्स आदि)। **काय को**—क्यों। **पाँव पड़ती**—पाँव छूना। **लावारिस**—जिसकी कोई पहचान न हो। **निमोड़ी चा झाड़**—नीम का पेड़। **माझे**—मेरे। **क्रिया-करम**—दाह-संस्कार। **पेटी**—बक्सा। **पुट्ठे की**—लकड़ी की। **नाशपीटे, हलकट**—नालायक, दुष्ट। **पुड़ी**—पुड़िया। **बहोत**—बहुत। **मोफ़त में**—मुफ़्त में। **जाँड़ी**—मोटी। **आत्या**—बुआ। **मुन्सीपाल्टी**—म्यूनिसिपैलिटी (नगर निगम)। **खून तपास**—खून की जाँच। **मरद**—घर वाला (पति)। **काय झाला**—क्या हुआ। **अबी**—अभी। **सुस्ताना**—आराम करना।

केरल विश्वविद्यालय, केरल के स्नातक स्तर, चतुर्थ वर्ष, प्रथम सेमेस्टर पाठ्य-पुस्तक 'सकुबाई' के अध्ययन के लिए सहायक सामग्री

'सकुबाई' नाटक का आलोचनात्मक विवेचन

सुप्रसिद्ध रंगकर्मी नादिरा ज़हीर बब्बर द्वारा लिखित तथा 'वाणी प्रकाशन' से प्रकाशित बहुचर्चित नाटक 'सकुबाई' घरों में काम करने वाली महिला के जीवन-अनुभवों की विविधता और उसके कार्यों का ब्यौरा भर नहीं है। इस नाटक में समाज के तथाकथित उच्च वर्ग की सोच और उसकी मानसिक संरचना को बड़ी ही कुशलता के साथ दर्शाया गया है। नादिरा ज़हीर बब्बर रंगमंच, सिनेमा, दूरदर्शन आदि क्षेत्रों में कार्यरत कलाकार हैं जो नाट्य लेखिका, अभिनेत्री, निर्देशिका, रूपान्तरकार, अनुवादक आदि के रूप में नाटक के क्षेत्र में विशिष्ट नाम है। उनका 'एकजुट' नाम से एक नाट्य दल भी है।

'सकुबाई' में रंगमंचीय उपकरणों और सुविधा की दृष्टि से आवश्यक रंग-निर्देश का भी ध्यान रखा गया है। मंच-व्यवस्था को लेकर कोई भ्रम न रहे, इस हेतु से उसके माप आदि के साथ इस नाटक में उसका स्पष्ट चित्र प्रस्तुत है। ज़ाहिर है इससे निर्देशकों को मंचन में काफ़ी सहूलियत होगी। अनेक रंगमंचीय प्रस्तुतियों के बाद इस नाट्यालेख का प्रकाशन हुआ। नादिरा ज़हीर बब्बर द्वारा निर्देशित इस नाटक के मंचन में अत्यन्त ही अनुभवी अभिनेत्री 'सरिता जोशी' ने सकुबाई की भूमिका निभाई। दो दशक से भी अधिक लम्बे समय में 'सकुबाई' नाटक का यूँ तो अनेक मंचों से और अनेक नाट्य दलों द्वारा मंचन हो चुका है किन्तु सरिता जोशी की सकुबाई के रूप में भूमिका अति सराहनीय रही। 'सकुबाई' एक आम किन्तु असाधारण महिला की कहानी है जो उन सभी महिलाओं की कहानी को समेटे हुए है जो हमारे जीवन में, घरों में बड़ी महत्त्वपूर्ण भूमिका रखती हैं और जिन्हें हम 'बाई' कहकर बुलाते हैं। 'सकुबाई' ऐसी ही एक महिला है जो घर की साफ़-सफ़ाई करती है, बर्तन माँजती है, कपड़े धोती है, खाना बनाती है, बच्चों की देखभाल करती है और ऐसे ही कई

तरह के काम करती है। नाटक का आरम्भ 'सकुबाई' द्वारा घर की सफ़ाई से होता है। मंचन के लिए जो सेट है वह दीवारों के बीच में एक सोफ़ासेट के साथ सामान्य मध्यमवर्गीय परिवार को दर्शाता है। दायीं ओर का क्षेत्र रसोई है जहाँ 'सकुबाई' अपना अधिकांश समय व्यतीत करती है। मराठी लहजे में अपने जीवन की कहानी सुनाते हुए, वह अपने मालिक 'कपूर परिवार' के घर की गन्दगी को साफ़ करती हुई दिखाई देती है। स्पष्ट रूप से नाटक के माध्यम से यह बात सामने आती है कि सकुबाई का जीवन मुश्किलों और संघर्ष से भरा रहा है। उन्हें स्वयं को शिक्षित करने का अवसर नहीं मिला और आजीविका चलाने के लिए बहुत ही कम अवस्था में काम पर लग जाना पड़ा। ऐसी कई घटनाएँ हैं जो वह दर्शकों के साथ साझा करती हैं और उनमें से अधिकांश शहरी और विशेषाधिकार प्राप्त समाज के दोहरे मानकों को दर्शाती हैं। अपनी परेशानियों के बावजूद 'सकुबाई' नाचती-गाती है और अपने जीवन की उत्सवधर्मिता को बनाये रखती है।

कठिनाइयों के बीच पली-बढ़ी 'सकुबाई' परिवार की ज़िम्मेदारियों को ओढ़ लेती है और फिर बच्चों के सपने पूरे करने के लिए संघर्ष करती है। उन्हें एक नयी रोशनी देने का काम करती है। अन्धकारमय जीवन में उजाला भरने के प्रयास की यह कहानी बेहद प्रभावशाली है। पारिवारिक परिस्थितियों के कारण ख़ुद पढ़ाई न कर सकने वाली 'सकुबाई' अपनी बच्ची को पढ़ाने के लिए अलग-अलग घरों में काम करती है। छोटी-सी उम्र से रोटी कमाने के दबाव, बाध्यता और उस सबके बीच ज़िन्दगी की जीवन्तता और जीवटता को यह नाटक दिखाता है। बचपन से ही परेशानियों में घिरी 'सकुबाई' छोटी उम्र में ही अपने मामा द्वारा दुष्कर्म जैसी भीषण परिस्थितियों का सामना करती है, कोशिशों के बावजूद वह माँ से यह बात नहीं छिपा पायी। अपनी मासूम बेटी के साथ घर में ही हुए इस दुष्कर्म की बात जानकर उसकी माँ बच्चों को साथ लेकर घर छोड़कर चली जाती है। उसे हमेशा इस बात की चिन्ता बनी रहती है कि दुष्कर्म की इस घटना के उजागर होने पर लड़की की शादी होनी भी मुश्किल हो जायेगी। हालाँकि 'सकुबाई' की गृहस्थी भी बसती है और उसके घर बेटी का जन्म भी होता है। अपने पति की बीमारी में 'सकुबाई' उसकी भरपूर सेवा करती है लेकिन वह भी अन्ततः उसे छोड़ जाता है। ऐसी तमाम मुश्किलों के बाद भी वह हार नहीं मानती, घर के ख़र्च और बेटी को पढ़ाने के लिए जी-तोड़ मेहनत करती है और अपनी बेटी को बड़ी लेखिका बनाकर उसके सपने को पूरा करती है।

हालाँकि इस सन्दर्भ में भी बहुत ही मार्मिक सन्दर्भ देखने-योग्य हैं जब बिटिया

के सम्मान-समारोह में गँवारू पोशाक में होने के कारण 'सकु' को प्रवेश नहीं मिलता है। वह वापस आकर अच्छा कपड़ा पहनती है और समारोह में भीड़ के बीच पड़ी रहती है। तब स्टेज में प्रविष्ट बिटिया सा'इली' अपनी माँ को स्टेज पर ले जाकर बिठाती है और अपनी कविता सुनाती है। कविता में माँ 'सकु' को आदर्श, प्यारी, कर्मठ, नेक औरत बताती है। यह नाटक हमें सोचने पर विवश करता है कि श्रम, गरिमा और उसके मूल्य को हम कितना महत्त्व देते हैं। इस नाटक में उच्च वर्ग के जीवन के अनेक विरोधाभास एवं विसंगतियों को उजागर किया गया है। उदाहरण के किये 'सकुबाई' के इस संवाद को देखा जा सकता है–

"ये देखो। ये लोग घर की ऐसी हालत करके जाते हैं जैसे कि कोई बम फट गया हो और ये लोग जैसे बैठे थे वैसे ही उठकर भाग गये।...अरे बाबा अपना ही घर है न। थोड़ा-बहुत तो ठीक-ठाक करके जाओ, लेकिन नहीं, सारी चीज़ें इधर-उधर.. .अब ये गीला टावेल कुर्सी पर डालोगे तो पॉलिस खराब होएगी कि नहीं?...पर ये लोग नहीं सोचते। नहीं सोचते तो न सोचें, मेरे को क्या?...चलो-चलो सकुबाई, काम पर लग जाओ।...यहाँ पर भी कितनी चीज़ें फेंककर गये हैं। (टेबल पर पड़े हेयर कर्लर को देखकर) मेम साब भी कुछ कम नहीं है। रोज़ लगाती है और रोज़ यहीं छोड़ जाती है। (कहते हुए हेयर कर्लर बाथरूम में रखने जाती है। शायद बाथरूम की हालत भी अस्त-व्यस्त है। बाथरूम के अन्दर से बोलती है।) कोलगेट तक खुला छोड़कर गये हैं। उनको पता है न आयेगी सकुबाई। करेगी सारा काम...करेगी बाबा, करेगी!...अरे पर सौ काम हैं। पाँच तो तुम करके जाओ...लेकिन नहीं, सब लोग यही सोचते हैं कि बाई रखी है तो हम काम क्यों करें। फोकट की पगार देते हैं क्या?...बात भी ठीक है, पगार तो देते ही हैं। पगार लेते हैं तो काम तो करना ही पड़ेगा न?...करेगी।...करेगी सारा काम...हाँ बाबा सकुबाई करेगी सारा काम...। चल सकू आलस छोड़ो काम करो।"

इसी तरह समाज में हो रहे बदलाव पर बड़ी पैनी टिप्पणी 'सकुबाई' के द्वारा इस नाटक में जगह-जगह पर हुई है। डिटर्जेंट का मार्केटिंग करने आयी मार्केटिंग गर्ल्स के पहनावे और उसकी स्थिति पर 'सकुबाई' की राय बेहद अर्थपूर्ण है। दरवाज़ा खोलने पर सकुबाई मेमसाब के घर पर नहीं होने और डिटर्जेंट लेने से मना करने के बाद जिस तरह से बड़बड़ाती हुई घर के अन्दर जाती है, वह द्रष्टव्य है–

"नहीं बाबा, नहीं लेना है। (बड़बड़ाती हुई अन्दर आती है।) क्या ये लोग फ्री में देकर जायेंगे। कपड़ा क्या पहने थी वो इतना टाइट। टाइट याने एकदम टाइट ।...

ये पैंट पैर के अन्दर घुसी कैसे होगी? क्या ये लोग भी उलटे-सीधे कपड़े पहनकर घर-घर घूमते रहते हैं। (सोचकर) पर घर-घर तो हम लोग भी घूमते हैं। इसकी भी कोई मजबूरी होगी।...पर ये तो पढ़ी-लिखी होगी, बारहवीं-चौदहवीं...हम तो एकदम अनपढ़ हैं।...ए देवाऽऽ क्या ज़माना आ गया है। पढ़े-लिखे लोग भी घर-घर घूमते हैं। और अनपढ़ भी।...चलो इस बात में तो हम लोग बराबर हुए।"

इसके अतिरिक्त और भी कई रोचक प्रसंग इसमें देखे जा सकते हैं। मालकिन के बेटे पोमला को दूध पिलाने के लिए उसके पीछे-पीछे दौड़ लगाना और उसका दूध न पीना बड़ा ही रोचक दृश्य है। वहीं बारिश में अपने घर को ठीक करने के बजाय दूसरे के घरों को ठीक करने की एक स्थिति बाई के किरदार में दिखाई दी। ऐसे और भी कई प्रसंग हैं जो मार्मिक और नाटक के प्रभाव को बढ़ाने वाले हैं। सकुबाई नाटक का कथानक, इसका संवाद, इसकी रंगभाषा; हर दृष्टि से यह नाटक रंगमंचीय विधान के अनुकूल है और अपने कथ्य और सन्देश की दृष्टि से भी इस नाटक का विशेष महत्त्व है। इस नाटक के सन्देश के कई आयाम हैं और इसमें जीवन के विविध पक्षों पर टिप्पणी की गयी है, पाठकों और दर्शकों को सोचने के लिए मजबूर करने वाली ये टिप्पणियाँ हमारी सोच और समाज को प्रकट करने वाली टिप्पणियाँ हैं। जीवन की, ख़ासकर 'सकुबाई' जैसी श्रमजीवी स्त्री के जीवन की विडम्बना और त्रासदी के मध्य उसकी जीवन्तता और जीवटता ही इस नाटक में आदि से अन्त तक मौजूद है। अपनी और अपने जैसों की दयनीय स्थिति के लिए ईश्वर को भी खरी-खोटी सुनाते हुए 'सकुबाई' जो कहती है, वही इस नाटक का मर्म है–

"भगवान मुझे क्षमा करें...। मगर एक बात मेरे मन में ज़रूर उठती है।...हम लोग दिन-रात मेहनत करते हैं। मेहनत करते-करते बूढ़े हो जाते हैं...और मर जाते हैं। न कोई हमें पूछता है न याद करता है।...अरे रोने और याद करने के लिए भी तो टाइम चाहिए...और टाइम है किसके पास?...फिर छुट्टी हमें कौन देगा? एक दिन, दो दिन बस...। ज़्यादा छुट्टी करेंगे तो दूसरी बाई रख लेंगे।...भगवान ने भी इतने सारे दुःख हमारे हिस्से में दे दिये...अरे क्या अल्लाह। क्या भगवान।...सब एक-दूसरे की मिलीभगत है। सब एक ही थाली के चट्टे-बट्टे हैं।"

नादिरा बब्बर का नाटक 'सकुबाई' यह बताता है कि स्त्री ख़ुद अपने बलबूते पर भी जी सकती है। नादिरा ने इस नाटक में नारी-शिक्षा, अमीरों के खोखलेपन, आर्थिक कमज़ोरी, यौन शोषण आदि के चित्रण द्वारा स्त्री-समाज के अस्मिता-बोध

की ओर ध्यान आकृष्ट किया। अपनी बेटी को पढ़ाकर एक लेखिका के रूप में प्रतिष्ठित कर शिक्षा के माध्यम से स्त्री-अस्मिता के सन्धान का विधान भी इस नाटक में हुआ है जो बेहद अहम है।

नादिरा ज़हीर बब्बर का दिल छू लेने वाला एकल नाटक 'सकुबाई' एक घरेलू नौकरानी के जीवन और संघर्ष को दर्शाता है। यह नाटक हमारे समाज की कई बुराइयों जैसे बालश्रम, यौनशोषण, वैवाहिक हिंसा और दोहरे मानकों को उजागर करता है। इस नाटक का सार्वभौमिक विषय दर्शकों को तुरन्त बाँधता है। 'सकुबाई' दुर्भाग्य की कहानी नहीं है जो दया-भाव जगाती है, बल्कि यह चुटकीभर हास्य के साथ पूर्वव्यापी जीवन को साझा करने की कहानी है। 'सकुबाई' नाटक नाराज़गी का प्रतिफल नहीं है और न ही वह प्रतिशोधी है, वह ख़ुद के अलावा कई किरदारों को निभाने में सहज है। चाहे वह छोटा बच्चा 'रॉकी बाबा' हो या 'अजय कपूर' जो अपनी पत्नी को धोखा दे रहा हो, या किटी पार्टी के शरारती लोग जो चोरी करने से बाज नहीं आते, प्रत्येक पात्र कहानी को जीवन्त और आकर्षक बनाये रखता है। अपने संघर्षों के बावजूद इस नाटक की मुख्य पात्र 'सकुबाई' जीवन में शोक बर्दाश्त नहीं कर सकती, बल्कि वह अपनी समस्याओं के साथ-साथ दूसरों की भी समस्याओं का समाधान करती है और कई लोगों के लिए एक आदर्श बन जाती है। हालाँकि अनपढ़ 'सकुबाई' के पास व्यावहारिक ज्ञान है और वह अपना जीवन-यापन मामूली तरीक़े से करती है और सम्मान के साथ रहती है। कभी-कभी उसके सवाल हमें हैरान कर देते हैं। सकुबाई को बचपन से ही अपने जीवन में नकारात्मकताओं का सामना करना पड़ा है। उनकी माँ ने उनके भाई को अंग्रेज़ी मीडियम स्कूल में भेजा क्योंकि उनकी माँ को लगता था कि केवल लड़कों को ही पढ़ना चाहिए। सकु ने सवाल किया कि क्या अंग्रेज़ी स्कूल अपने स्कूलों में राष्ट्रीय भाषा पढ़ाते हैं? वह अंग्रेज़ी के मोह और आभिजात्यवादी रवैये पर सवाल उठाती है। वह अपनी बेटी को स्कूल भेजने के लिए कड़ी मेहनत करके इस रूढ़िवादी अवधारणा को तोड़ती है, जो समाज में एक उच्च स्थान प्राप्त करने के बाद अपनी माँ से पढ़ने के लिए कहती है। एक अन्य उदाहरण में, जब सकुबाई की मेमसाब विवाहेतर सम्बन्ध रखने वाले अपने पति द्वारा पीटे जाने पर घर छोड़ना चाहती है, तो सकु उसे मना करती है। वह उसे याद दिलाती है कि घर पर उसका भी बराबर का अधिकार है। सकु अपना काम झाड़ू के साथ हँसते हुए, एक दोषपूर्ण शहर की कहानियाँ सुनाते हुए करती है।

हास्य के माध्यम से 'सकुबाई' नाटक दर्शकों को बाँधे रखता है। सकुबाई

बताती है कि वह साईं बाबा की प्रार्थनाएँ करती थी लेकिन उनके मन्दिर में भी अमीरों के लिए रास्ता बनाने के लिए लोगों को हटा दिया जाता है। बचपन से ही काम करने के लिए मजबूर होने के कारण, वह शिक्षा से वंचित रहते हुए भी अपने भाई की फ़ीस भरती है। बहुत ही कम उम्र में उसके क़रीबी रिश्तेदार ने उसके साथ बलात्कार किया। वह इस तरह के भयानक अत्याचार न सहने पर ज़ोर देते हुए अपना दर्द साझा करती है। सकुबाई जैसे मज़बूत सामाजिक सन्देश वाले महिला केन्द्रित नाटक महिलाओं को अपराध के ख़िलाफ़ आवाज़ उठाने की ताक़त देते हैं। यह नाटक लैंगिक असमानता पर विचार करता है और पुरुष-प्रधान समाज के खोखले मापदण्डों पर सवाल उठाता है। यह नाटक पुरुषों के उस भयानक रूप को भी उजागर करता है जिसे हमेशा छुपाया या झुठलाया गया।

यह नादिरा बब्बर कृत दूसरा एकल नाटक है, 'सकुबाई' के पहले 'दयाशंकर की डायरी' ने भी ऐसी ही लोकप्रियता हासिल की थी। अभिनेता आशीष विद्यार्थी ने दयाशंकर के किरदार को मूर्त किया था। जहाँ 'दयाशंकर की डायरी' निकोलाई गोगोल कृत 'डायरी ऑफ़ ए मेड मैन' का रूपान्तरण है, वहीं 'सकुबाई' एक मूल कृति। दोनों ही नाटकों के हज़ार से ज़्यादा मंचन हो चुके हैं और दोनों ही नाटकों का प्रसारण भी हो चुका है। नादिरा बब्बर का तीसरा एकल नाटक है 'मेरी माँ के हाथ' जो उनकी अपनी अम्मी के साहित्यिक जीवन पर आधारित है। इस नाटक में नादिरा बब्बर स्वयं एकल अभिनय करती हैं, और इस नाटक का निर्देशन प्रख्यात अभिनेता और नाट्य निर्देशक मकरन्द देशपाण्डे ने किया है। बहरहाल 'सकुबाई' 15 साल से कपूर परिवार के यहाँ काम कर रही है, उनके बच्चे रॉकी और पामिला को उसने ही पाला है। इन 15 सालों में उसने कपूर दम्पति के सम्बन्धों में भी उतार-चढ़ाव देखे। दरअसल यह नाटक सबसे पहले इस भ्रांति को तोड़ता है की क्लेश सिर्फ़ कामगार वर्ग में ही नहीं, आभिजात्य वर्ग में भी होता है। व्यभिचार, शोषण, यौन उत्पीड़न, वैवाहिक क्लेश इत्यादि। आर्थिक असमानता के बावजूद मानवीय भावनाओं और मूल्यों में इन्सान हर वर्ग में एक समान है।

परत-दर-परत मार्मिक क़िस्सा अपने जीवन का सकुबाई सुनाती है और एक हास्यास्पद या शर्मनाक संस्मरण आभिजात्य वर्ग का। सकु के अपने संघर्ष दिल के तार झकझोर देते हैं। जैसे ग़रीब अपाहिज किसान बाप का संघर्ष, रोज़ी रोटी के लिए परिवार का बिछड़ना और विस्थापन, सकु की बहन का वेश्या बन जाना और उसकी गुमनाम मौत, पिता की दर्दनाक मौत, पति की शुरुआती बेवफ़ाई फिर बेहद

ईमानदारी, लेकिन अन्त में एड्स की बीमारी से मौत, बेटी का बचपन में मामा द्वारा दुष्कर्म। लेकिन सकु परिस्थिति से हारी नहीं, न ही समझौता किया। सकु लड़ी, जीती और हालत को बदली। इन तमाम मुश्किलों के बावजूद सकु अपने भाई और अपनी बेटी को पढ़ा-लिखा के अपने पैरों पर खड़ा करती है। दो पीढ़ियों से चलते आ रहे इस काम वाली बाई के चक्र को तोड़कर सकु का भाई और होनहार बेटी मुम्बई में अपना मुकाम बना लेते हैं, जिसमें उनकी अपनी मेहनत, भाग्य और सकु की हिम्मत और उसका पसीना शामिल है। अगर विदेशी सौन्दर्यबोध के दृष्टिकोण से देखें तो सकुबाई एक अस्तित्ववादी नाटक है, जो व्यक्ति के अस्तित्व, आज़ादी और चुनाव को महत्त्व देता है। मनुष्य के सामने विभिन्न स्थितियों में कई विकल्प उपस्थित होते हैं। स्वतन्त्र व्यक्ति वह है जो उपयुक्त विकल्प का चयन अपनी अन्तरात्मा के अनुसार करता है, न कि किसी बाहरी दबाव में।

'नाट्यशास्त्र' के अनुसार सकुबाई एक 'भाण' प्रकार का नाटक है जिसे हम 'सोलो प्ले' या 'एकल अभिनय' कहते हैं, जिसका मुख्य किरदार आम व्यक्ति है, कोई दिव्य पुरुष या पराक्रमी राजा नहीं। 'अरस्तू' की 'थ्री यूनिटी' इस नाटक की लेखनी में देखने को मिलती है, यूनिटी ऑफ़ टाइम प्लेस एंड ऐक्शन। नाटक का घटनाक्रम एक दिन का है, स्थान भी एक ही है, और नाटक में कोई 'सब प्लॉट' या समानान्तर कथानक नहीं है। ऐसे सुगठित नाटक दर्शक को बिना किसी भटकाव के अन्त तक बाँधे रखते हैं। नादिरा जी में लेखन के गुण आनुवांशिक हैं। इनके माता-पिता दार्शनिक व कला-चिन्तक थे।